現場で使える
教室英語

重要表現から授業への展開まで

Classroom English You Can Use

吉田 研作／金子 朝子　監修
石渡 一秀／グレッグ・ハイズマンズ　著

SANSHUSHA

本書刊行の背景と目的

　「平成25年より高校での英語の授業を英語で行う」という新高等学校指導要領が発表されました。これを受け、現場の高校教員の一人として、「これからは教師だけが英語を使う授業ではなく、**教師と生徒がともに英語を使って授業を進めることを目指す必要がある**」と、強く感じました。これまでも、多くの先生方のすばらしい英語を使った授業を複数見てきましたが、その大半は、生徒たちが黙って教師の英語を聞いているか、教師の英語の指示に従って黙々と作業を続けているものだったのです。

　本書は、**教師と生徒が英語でインタラクションをしながら、誰でも英語の授業を進めことができるようになる**ことを第1の目標として執筆しました。その過程で念頭に置いたことは、次の5つのポイントです。

ポイント1　教師は「自分だけが英語を使う」という意識をなくす。
ポイント2　「最初からすべてを英語で行う」という意識をなくす。
ポイント3　教師は聞き上手になって、なるべく生徒が英語で発話する機会を増やす。
ポイント4　やさしい英語のやりとりから始め、少しずつ内容のあることを英語でやりとりする。
ポイント5　積極的にほめたり、間違いを気にさせないような雰囲気作りに努める。

　このように本書では、**先生が生徒とともに、英語による英語の授業を作り上げていく**手助けになることを目指しています。

　本章は、数多くの方々のご助力、そしてこれまでに接してきた数え切れないほどの生徒たちとの授業体験の結果生まれたものです。その中でも、本書をご監修いただいた上智大学の吉田研作先生、昭和女子大学の金子朝子先生への感謝の気持ちは言葉で言い尽くすことができません。先生方の励ましとご助言がなかったら、本書の完成はありませんでした。

　吉田先生の数々のご助言の中で、最も印象に残っているのは以下のエピソードです。

　以前、あるSELHi (Super English Language High School) の授業を見て驚いたことがあった。教師はすべて英語で授業を進めていたが、ただ通常と違った点は、彼が「英文和訳の授業を英語で行っていた」というところである。
　Okay, Mr. ～, read the first sentence and translate it into Japanese. と指示を英語で出す。

> 　生徒が訳をし、それに対して教師は、Very good. Did everyone get it? Does anyone have any questions? とか、Hmm, there's one important point you missed. Did anyone notice the mistake? と言うような具合である。つまり、「すべてを英語でやる」というのではなく、「授業を英語で組み立てる」ことこそが大切なのである。

　上記には、「英語による英語の授業を実践する」ことのすばらしい実例が表れています。ここに、英語による授業の大切な要素が示唆されていると思われます。

　また、金子先生の書かれたものの中で最も心に残ったものは、以下のご指摘です。

> 　最も懸念されるのは、教師が教室を自分の英語運用能力を高めるための練習の場にしてしまうことだ。学習者の英語力にはある幅がある。生徒が持つ力の最高レベルを押し上げながら認知力を駆使して意味を伝え合うチャンスを十分に与えれば、運用力が伸びることがわかっている。母親言葉のように、生徒の理解を促し持っている力を引き出すことのできるような方法で、豊富な英語のインプットを与えながら授業をすること、それが重要なのだ。
> 「新高校学習指導要領を読む―解説をふまえて　改訂の３つのポイント」（三省堂サイト「英語教育リレーコラム」より抜粋）

　上記のご指摘は、英語による英語の授業を行っていく上で、私たち教師が常に心に留めておくべきことだと思われます。金子先生には今回、章末コラムもご執筆いただきました。
　吉田先生、金子先生のお二人にはあらためて感謝の気持ちをお伝えいたします。

　最後になりましたが、この紙面をお借りして本書の誕生にご尽力いただいた方々への感謝の辞を述べさせていただきます。恩師の故・武内寛先生は、一番最初に本書の原稿にお目通しくださり、その温かいお褒めの言葉が本書執筆の原動力になりました。共著者のグレッグさんにも心から感謝の意を表します。本書の原稿は彼との度重なる話し合いから生まれ、原稿を遂行していく際も、数えられないくらいの質疑応答に常に敏速かつ誠実に対応してくれました。彼と本書を書けたことは一生の誇りです。また、三修社編集部の松居さんがその原稿を認めてくださらなければ、本書が生まれることはありませんでした。そして、最後に亡き父と母にも心から感謝の気持ちを表したいと思います。二人はいつも心の支えとなってくれました。みなさまのお陰でその恩に少し報いることができました。

　吉田研作先生、金子朝子先生をはじめとする多くの方々、そして生徒たちとの授業実践によって生まれた本書が、平成25年から始まる新しい英語の授業に携わる先生方や生徒たち、そしてこれから英語の教員をめざす方々に対して、少しでもお役に立つことを心より願っております。

石渡　一秀

本書の構成と使い方

　本書は、第1章「重要表現」、第2章「対話例」、第3章「授業例」、第4章「タスク」で構成されています。

　第1章「重要表現」では、授業のさまざまな場面を想定した、先生と生徒のための重要表現を提示しています。この章では、先生だけが英語を使って授業をするのではなく、「英語を使って生徒とコミュニケーションをとりながら授業を進めること」を目的として構成されています。最初は本書を見ながら生徒とのやりとりを繰り返していただき、徐々に見る頻度を減らして、最終的には何も見ないで生徒と英語でやりとりできることを目指していただければと考えています。

　第2章「対話例」では、前章の重要表現を用いた、さまざまな場面での先生と生徒の対話例を提示しています。この章では、「重要表現」を用いた生徒との英語コミュニケーションの具体例を、対話形式で示しました。この「対話例」をもとに授業を進めていただければ、さまざまな場面で英語を使った授業が展開できるようになっています。本章の後半で「生徒が主体となった対話例」を示し、最終的には「生徒から先生に、英語を使って質問や意見が言えるようになること」を目指しています。

　第3章「授業例」では、前述の「重要表現」を活用したリスニング、リーディング、ライティング、スピーキング、スピーチ、ディスカッション、ディベートの授業例を提示しています。この7つの「授業例」は、「重要表現」を活用しつつ、「先生と生徒、そして生徒同士が英語を使ってコミュニカティブに授業を進める例」を示しています。一貫した流れの中で、生徒のリスニング力からディベート力まで養成できるように構成されているため、この流れに沿ってお使いいただくことが望ましいのですが、必要に応じてそれぞれの授業例を取り出して活用することにも対応できます。

　第4章「タスク」では、前章「モデルレッスン」をさらに発展させるための7つのタスク例を提示しています。この7つの「タスク」は、生徒のリスニングからディベートまでの7技能を、どのようなタスクを用いればさらに向上させられるかを示しています。生徒同士がペアやグループになり、お互いに協力しながら進められるよう構成しているため、英語のやりとりを通して生徒同士の英語能力の向上を育成できます。生徒に目標をもたせて、通常のレッスンの間に導入していただければ、より効果的です。また、使用時間や例文を変えれば、さまざまな生徒のレベルに対応できるようにしています。ワークシートは、コピーしてそのままお使いいただけるようにしました。

刊行にあたって

　高等学校の新学習指導要領には「英語の授業は英語で行うことを基本とする」と書かれている。これは決して「授業をすべて英語で行わなければならない」という意味ではない。どんなに英語が達者でも、英語の授業を英語で行うことはまた別のスキルである。英語の母語話者でも、英語で授業ができるかというと、それなりの訓練を受けていなければできないのが普通なのである。また、生徒側の英語力の問題も、現実的に横たわっているだろう。

　本書が念頭に置いているのは、**教師と生徒の英語力の有無にかかわらず、英語で授業を行うための方法と手順をわかりやすく示す**ことである。いわゆるClassroom English（教室英語）をより細かく、より具体的な場面で使えるように工夫してある。Classroom Englishの一般的な表現に始まり、「実際の授業での具体的な使い方」に至るまで、段階を追って細かく提示している。英語の授業には、リスニングを主に扱う授業、リーディング・ライティング・スピーキングの授業、スピーチ・ディスカッション・ディベートの授業などさまざまな形態があるが、本書ではそれぞれの授業例を示し、各授業形態におけるClassroom Englishを提示している。さらに、ユニークなところでは**ALTとの打ち合わせに必要な表現**も扱っている。

　もう1つの本書の特徴は、教師だけでなく**「生徒が使える教室英語」**についても、具体的に**「教室における教師と生徒とのやりとり」**という形で、両方の立場からの英語表現を提示している点である（第2章）。教師だけが英語を使っても、生徒が英語を使わなければ、「英語による授業」は成り立たない。「生徒が英語を使うこと」は、英語による授業の非常に大切な条件なのである。「生徒の英語力の中で使える表現をどんどん使わせる」ことは、実際の授業を運営する上で、大変重要なことである。

　「そんな夢のようなことがどうやったらできるのか」と不思議に思うかもしれない。実は、「教師と生徒が英語で対話する授業」は、5W1Hを使えば難なくできるのであり、これにより生徒は、英語で英語が解釈できるようになる。本書の手法を端的に示してみよう。

たとえば、John was the one who broke into the store to steal the money. というような文があったとする。本書の英文解釈の方法は、以下である。(Tは教師、Sは生徒)

> T Okay, who is the sentence about?　S John.
> T Very good. Now, in this sentence, what kind of person is John?
> 　　　S A burglar.
> T Really? How do you know?　S He broke into the store.
> T That's right.　By the way, what does 'break into the store' mean?
> 　　　S I think he broke the store's door or window and went into the store.
> T Very good. Now, why did he break into the store? What was the reason?
> 　　　S To steal money.
> T That's right.
> ---
> T さて、これは誰の話だろう？　S ジョンです。
> T そうだね。で、この文でジョンはどういう人？　S お店に入った人。
> T そうだね。ところで、break into the store ってどういうことかな？
> 　　　　　　　　　　　　　　　　　　　S 泥棒に入る。
> T そうそう。侵入するとか無断で入るということだけど、ここでは、泥棒に入るということだね。どうしてそうだとわかる？　S お金を盗むために、とあるから。
> T そのとおり。

このように、5W1Hを使えば、英語だけでも十分解釈できるのである。本書の第3章では、このように**教師と生徒が英語によって授業を展開する例が**、「４技能＋スピーチ・ディベート・ディスカッション」の授業ごとに、**具体的に展開**されている。

「英語の授業の大枠を英語で固めること」「英語の素材を使っても英語で授業ができること」との思いから、**本書の第4章は、教師が使いやすいように「タスク」としてまとめて編集**されている。これを用いて、教師が段階的に生徒の英語力を伸ばし、かつ成績評価などにも使いやすいように工夫してある。ぜひご活用されたい。

今後、英語で英語の授業を行うことを広め、生徒が英語を使う環境をできるだけ整えるために、本書を大いに活用していただければ幸いである。

吉田研作

CONTENTS

本書刊行の背景と目的 …………………………………………… 3
本書の構成と使い方 ……………………………………………… 5
刊行にあたって …………………………………………………… 6

第1章

重要表現 …………………………………………………………… 13

UNIT 1
先生のための重要表現 ………………………………………… 14
授業の前のあいさつや出欠をとる時 …………………………… 14
 あいさつ 14
 体調 14
 曜日・天気 14
 学校生活 15
 出欠 15
授業の開始から終了まで ………………………………………… 16
 開始時 16
 復習と今日の授業の内容を確認する 16
 重要語句や文の読みや意味を確認する 17
 本文の内容について質問する 17
 終了時 18
練習問題や文法について学習する時 …………………………… 19
ペア活動・グループ活動をする時 ……………………………… 20
ほめたり、励ましたり、コメントをする時 …………………… 21
確認や聞き返しをして発言を促す時 …………………………… 22
指示をする時 ……………………………………………………… 23
4技能に焦点を当てたコミュニカティブな活動を行う時 …… 25
 リスニング活動 25
 リーディング活動 25
 ライティング活動 26
 スピーキング活動 27
外国人の先生と話す時 …………………………………………… 28
 自己紹介 28

生徒への紹介　28
　　　授業の準備　28
　　　授業中の依頼　29

UNIT 2
先生と生徒のための重要表現 ……………………………………**30**

依頼する時……………………………………………………………………30
理解したことや感じたことを伝える時……………………………………31
スピーチ・ディスカッション・ディベートなどをする時………32
　　スピーチの時………………………………………………………………32
　　　導入部で使う表現　32
　　　本論で使う表現　32
　　　話題転換や分析　32
　　　結論で使う表現　32
　　ディスカッションの時……………………………………………………33
　　　意見を聞く時の表現　33
　　　意見を言う時の表現　33
　　　賛成する時の表現　34
　　　不同意を述べる時の表現　34
　　　繰り返しや補足説明を求める時　34
　　ディベートの時……………………………………………………………35
　　　主題や要点をはっきりさせる時　35
　　　論点を整理するための表現　35
　　　反論をする時　35
　　　確認をする時　35
　　　付け加える時　36
　　　討論をまとめる時　36

UNIT 3
生徒のための重要表現 ………………………………………………**37**

授業で使える用語・表現……………………………………………………40

COLUMN 英語を媒体とした授業へ………………………………………42
COLUMN インプットの重要性……………………………………………43

第2章

対話例 **45**

UNIT 1
先生が主体となる対話例 **46**
あいさつや出欠確認のための対話例 46
復習のための対話例 48
課のタイトルや内容などを確認するための対話例 49
新出語句や文の意味、読みを確認する時の対話例 51
ペアでの読みの練習や、グループで本文の内容を考えて
　発表する時の対話例 53
まとめの対話例 55
生徒の発言を促す対話例 57
質問や意見を言うための対話例 61
練習問題や文法の説明の対話例 64

UNIT 2
生徒が主体となる対話例 **66**
生徒が質問する対話例 66
生徒同士の対話例 70

COLUMN アウトプットの重要性 72
COLUMN インタラクションの活用 73

第3章

授業例 **75**
UNIT 1
リスニングのための授業例 **76**

UNIT 2
リーディングのための授業例 ················78

UNIT 3
ライティングのための授業例 ················82

UNIT 4
スピーキングのための授業例 ················85

UNIT 5
スピーチのための授業例 ················88

UNIT 6
ディスカッションのための授業例 ················92

UNIT 7
ディベートのための授業例 ················95

COLUMN 社会言語能力と英語指導 ················98
COLUMN 英語の運用力を養うために ················99

第4章

タスク ················101

タスク1（リスニング活動）················102
タスク2（リーディング活動）················104
タスク3（ライティング活動）················106
タスク4（スピーキング活動）················109
タスク5（スピーチ活動）················112
タスク6（ディスカッション活動）················115
タスク7（ディベート活動）················118

監修者・著者プロフィール ················122

本文中の表現の冒頭のマークは、**T**が先生、**S**が生徒を指しています。付属CDでは、**T**の表現はナチュラルスピード、**T** **S**および**S**の表現はややゆっくりめに読み上げていますので、生徒に聞かせてリピート練習させるのにもお使いいただけます。

第 1 章

重要表現
Important Expressions

　授業で想定されるさまざまな場面別に、教室英語の重要表現を紹介しています。必要な時に適切な表現を、すぐに参照することができます。

　この段階で重要なのは、まず簡単な定型表現や Yes/No で答える簡潔な質問から始めて、次第に 5W1H を使うことです。生徒に質問の意味と答え方を理解させ、生徒とともに繰り返し使うことが大切です。

UNIT 1
先生のための重要表現
Important Expressions for Teachers

授業の前のあいさつや出欠をとる時
When greeting and taking the roll call before class

あいさつ　　　　　　　　　　　　　　　Greetings

みんな、おはよう！	Good morning, everyone!
みんな、こんにちは！	Good afternoon, everyone!
初めまして。	Nice to meet you.
久しぶり。	Long time no see.
（状況は）どうですか？	How's it going? / How's everything?

体調　　　　　　　　　　　　　　　Physical condition

| 元気ですか？ | How are you? |
| 今日は調子はどうですか？ | How are you doing today? |

曜日・天気　　　　　　　　　　　　　Days and the weather

| 今日は何日ですか？ | What's the date today? |
| 今日の天気はどうですか？ | How's the weather today? |

学校生活　　　　　　　　　　　　　　　　　School activities

- クラブ活動はどうですか？　　　　　　　How is your club activity?
- 宿題はやりましたか？　　　　　　　　　Did you do your homework?
- なぜ今日は遅刻したの？　　　　　　　　Why were you late today?
- なぜこの前の授業は休んだの？　　　　　Why were you absent from the last class?

出欠　　　　　　　　　　　　　　　　　　　Attendance

- みんないますか？　　　　　　　　　　　Is everyone here?
- 出席をとります。　　　　　　　　　　　I'll call the roll.
- 〜はいますか？　　　　　　　　　　　　Is 〜 here?
- 今日の欠席は誰かな？　　　　　　　　　Who's absent today?
- 〜はどうしたんだろう？　　　　　　　　What happened to 〜?
- 誰か理由がわかりますか？　　　　　　　Does anyone know the reason? / Does anyone know why 〜 is absent?
- 〜は風邪をひいているのかな？　　　　　Does 〜 have a cold?

授業の開始から終了まで
From the beginning to the end of class

開始時　　　　　　　　　　　　　　　　　　　　　　When beginning

| T | さあ、今日の授業を始めましょう！ | Now, let's start today's lesson! |

| T | 準備はいいですか？ | Are you ready? |

復習と今日の授業の内容を確認する　　Review and confirming the content of today's class

| T | 前の授業の復習をしましょう！ | Let's review the previous lesson! |

| T | どんな話でしたか？ | What kind of story was it? |

| T | これらの重要語句の意味を復習しましょう！ | Let's review these important words and phrases! |

| T | 今日はどこのレッスンから授業が始まりますか？ | Where do we start the lesson today? |

| T | 教科書の7ページを開けてください。 | Open your textbook to page 7. |

| T | このレッスンのタイトルは何ですか？ | What is the title of this lesson? |

| T | このページの下の方にある写真は何ですか？ | What is the picture at the bottom of this page? |

| T | これはどんな話だと思いますか？ | What kind of story do you think this is? |

| T | ペアで話してください。 | Talk in pairs. |

| T | 今日の授業の目標は〜することです。 | The goal of today's class is to 〜. |

重要語句や文の読みや意味を確認する
Confirming meanings and readings of important phrases and sentences 〔CD 8〕

新しい語句を確認しましょう！	Let's check the new words and phrases!
それらを一緒に読みましょう！	Let's read them together!
私がまずそれらを読みます。	I'll read them first.
後について繰り返してください。	Repeat after me.
この単語を読んでください。	Read this word.
この単語を知っていますか？	Do you know this word?
この単語の意味は何ですか？	What does this word mean?
文を訳してみましょう！	Let's translate the sentences!
上から3行目の文を訳してください。	Translate the sentence on the 3rd line from the top.
本文について何か質問がありますか？	Do you have any questions about the text?
どこがわからないのですか？	What part don't you understand?
この文の〜は何ですか？	What is the 〜 of this sentence?
この〜は何を指していますか？	What does this 〜 refer to?
この〜の働きは何ですか？	What is the function of this 〜?

本文の内容について質問する
Asking questions about the contents of the main text 〔CD 9〕

この話について質問をしますね。	Let me ask you some questions about this story.
この話はどうでしたか？	How was this story?
どの文が一番好きですか？	Which sentence do you like best?
この段落で一番大切な文はどれですか？	Which sentence is the most important in this paragraph?

🇹 この話のテーマは何でしょうか？	What is the theme of this story?
🇹 これらの質問をグループで考えてください。	Think about[Discuss] these questions in groups.
🇹 質問に答えられる人は手を挙げてください。	Raise your hand if you can answer the question[s].
🇹 誰かやってくれませんか？	Any volunteers?
🇹 ～（人名）、あなたはどうですか？	How about you, ～ ?

終了時 — When ending (CD 10)

🇹 今日はおしまいです。	That's all for today.
🇹 みんなよくがんばりました。	You did a good job.
🇹 今日の授業を振り返ってみましょう！	Let's look back on today's class!
🇹 ～（人名）、今日は何を勉強しましたか？	～ , what did you[we] study today?
🇹 今日勉強したことを書き留めてください。	Write down what you studied today.
🇹 今日はみんなが～を学んでくれたと思います。	I hope you all learned ～ today.
🇹 次の授業では11ページの話を読みます。	We'll read the story on page 11 in the next class.
🇹 宿題はそのページの語句を調べてることです。	Your homework is to check the words and phrases on the page.
🇹 テストは7ページから10ページまでです。	The test will cover pages 7 through 10.
🇹 次の授業で会いましょう。	See you next class.

練習問題や文法について学習する時
When learning grammar and doing exercises

🔳 この練習問題を一緒にやってみましょう！	Let's do this exercise together!
🔳 問題2の3番を答えてくれますか？	Can you answer No. 3 of question 2?
🔳 空所を埋めてください。	Fill in the blanks.
🔳 正しい語を選んでください。	Choose the correct word.
🔳 語句の順番を変えてください。	Change the order of the words and phrases.
🔳 次の文を〜を使って書き換えてください。	Rewrite the following sentences using 〜.
🔳 〜の間違いを直してください。	Correct the mistake in 〜.
🔳 2つの文を1つにしてください。	Put the two sentences together.
🔳 違う答えはありますか？	Is there a different answer?
🔳 今日の表現を使って次の日本語を英語に訳してください。	Translate the following Japanese into English using today's expressions.
🔳 どのような点でその2つの〜は違いますか？	In what ways are the two 〜 different?
🔳 「A」と「B」ではどちらのほうが適切ですか？	Which is more appropriate, "A" or "B"?
🔳 〜はどのように表したらいいですか？	How do you express 〜?
🔳 問題を1人で完成させて、それから答案を交換してパートナーと答え合わせをしてください。	Complete the exercise on your own, and then exchange your paper with a partner to check your answers.
🔳 その文法表現を使って自分自身のことについて何か書いてください。	Write something about yourself using the grammatical expression.

ペア活動・グループ活動をする時
When doing pair and group activities

ペア［グループ］活動をしましょう！	Let's work in pairs[groups]!
ペアになってください。	Get into pairs.
4、5人のグループになってください。	Get into groups of four or five.
机の向きを変えて、お互いに向かい合ってください。	Turn your desk around and face each other.
ペアで読みの練習をしましょう！	Let's practice reading in pairs!
ペアで答えをチェックしましょう！	Let's check the answers in pairs!
グループで単語の意味を調べてみましょう！	Let's look up the words in groups!
グループでこれらの文を訳しましょう！	Let's translate these sentences in groups!
ペアで、〜について質疑応答をしましょう！	Let's ask and answer questions about 〜 in pairs!
パートナーを変えてもう一度質問をしてください。	Change partners and ask your questions again.
ペアでこの表現を使ってオリジナルの文を作ってください。	Make original sentences using this expression in pairs.
グループでこれらの質問に英語で答えてください。	Answer these questions in groups in English.
10分時間をあげます。	I'll give you 10 minutes.
時間です。	Time's up.
自分の席に戻ってください。	Please go back to your seat.

ほめたり、励ましたり、コメントをする時
When giving praise, encouragement, and making comments

すばらしい！	Great! / Excellent! / Fantastic!
よくがんばりましたね！	Good job!
とても惜しい！	Very close!
できますよ！	You can do it!
慌てないで。	Take your time.
その調子！	Way to go!
どんな答えでもいいから、思い切ってやってみて！	Any answer is all right. Just give it a try!
それでは〜（人名）、やってみましょう！	OK, ~, go ahead!
そのとおり！	That's correct!
それはおもしろいですね。	That's interesting.
いい質問ですね！	Good question!
とてもいい考えですね！	A very good idea!
とてもいい発音ですね。	Your pronunciation is very good.
訳はよくなっていますよ。	Your translation is getting better.
字がきれいですね。	You have beautiful handwriting.
やろうとしてくれてありがとう。	Thank you for trying. / Good try.
とてもいい点でしたね。	You got a very good score.
今回はとてもがんばりましたね。	You did really well this time.
とても上達しましたね。	You've improved so much.
いつもがんばっていますね。	You always work hard.

確認や聞き返しをして発言を促す時
When prompting what has been said by confirmation or hearing again

終わりましたか？	Are you finished?
何か質問はありますか？	Any questions?
答える準備はできていますか？	Are you ready to answer?
～できますか？	Can you ～?
どこが難しいですか？	Which part is difficult for you?
何でも質問してください。	Ask me anything.
ヒントをあげます。	I'll give you a hint.
もう一度説明しますね。	Let me explain one more time.
私が言おうとしていることがわかりますか？	Do you understand what I mean?
やってみてはどうですか？／やってみましょう。	Why don't you try? / Let's try.
～と言おうとしているのですか？	Do you mean ～?
あなたが言おうとしていることはこのことですか？	Is this what you mean?
それをもう一度言ってくれますか？	Could you repeat that again?
それについてもう少し言ってくれませんか？	Could you tell me a little more about it?
他に～はありませんか？	Are there any other ～?

指示をする時
When giving instructions

席についてください。	Please go back to your seat.
もう話すのはやめてください。	Stop talking.
これらの語句を写してください。	Write down these words and phrases.
これらの意味を辞書で調べてください。	Look up the meanings of these words in your dictionary.
前に来て〜を書いてください。	Come to the front and write (down) 〜 on the blackboard.
このページの上から10行目を見てください。	Look at the 10th line from the top of this page.
フラッシュカードを見てすぐ、それぞれの単語を順番に発音してください。	Pronounce each word on the flashcards quickly one after the other.
一度大きな声で文を読み、それから本を見ないで言ってください。	Read the sentence aloud once, then say it without looking at your book.
教科書18ページの5行目から15行目までを読んでください。	Read from line 5 to line 15 on page 18 of your textbook.
自分で読んでください。	Read by yourself.
ペアで読んでください。	Read in pairs.
〜を暗記してください。	Memorize 〜 .
もう少し大きな声で読んでください。	Read it a little more loudly.
このパラグラフのキーワードを抜き出してください。	Pick out the key words in this paragraph.
このパラグラフを英語で要約してみてください。	Try to summarize this paragraph in English.
この〜が何を指すか考えてください。	Think about what this 〜 refers to.

🅣	〜を別の単語を使って言い換えてください。	Say 〜 using another word.
🅣	〜に下線を引いてください。	Underline 〜 .
🅣	この〜に注意してください。	Pay attention to this 〜 .
🅣	その意味を考えてください。	Think about the meaning.
🅣	思っていることを言ってください。	Tell us what you think.
🅣	あなたの答えをみんなに読み上げてください。	Read your answer to the class.
🅣	次のタスクをやってください。	Do the next task.
🅣	このワークシートを後ろに回してください。	Pass these worksheets to the back.
🅣	プリントを後ろから前に回してください。	Pass your papers to the front.
🅣	CDを二度聞いて、プリントの正しい答えに丸をつけてください。	Listen twice to the CD, and then circle the correct answer in your handout.
🅣	画面を見てください。	Look at the screen.
🅣	画面の絵と表現を使って話を再現してください。	Retell[Rewrite] the story using the pictures and expressions on the screen.
🅣	画面の絵を英語でどう言いますか？	What do you call the picture on the screen in English?
🅣	画面の日本語を英語に直してください。	Change the Japanese on the screen into English.

4技能に焦点を当てたコミュニカティブな活動を行う時
When performing communicative activities focusing on the four skills

リスニング活動　　　　　　　　　　　　　　Listening activities

私の言うことをよく聞いて書き取ってください。	Listen to me carefully and write it down.
相手を見つけてペアで互いに〜を読み合ってください。	Find a partner and read 〜 to each other in pairs.
必ず英語をチェックしてください。	Be sure to check your English.
ペアで英語で発表してください。	Do your presentation in pairs using English.
他の発表をよく聞いてください。	Listen carefully to the other presentations.
この英文をよく聞いてグループに正しく伝えてください。	Listen carefully to this English sentence and convey it correctly to your group.
グループのメンバーが言った英語を聞き取って、1つの文章に仕上げてください。	Listen to what the member of your group says and write a passage about it.

リーディング活動　　　　　　　　　　　　　Reading activities

この話は何についての話だと思いますか？	What do you think this story is about?
〜についてペアで数分考えてください。	Think about 〜 in pairs for a few minutes.
では真偽を問う質問[文章]をします[読みます]。	Now I'll ask[read] you some true or false questions[statements].
それらについて黙読をして考えてください。	Read silently and think about them.
正しい文を選んでください。	Choose the sentences that are true.

今度はこの話についての質問を口頭でします。	This time I'll ask you several questions about this story.
グループで協力して、答えてください。	Answer them together in groups.
プリントにある重要表現を使ってください。	Use the important expressions on your handout.

ライティング活動 / Writing activities

ペアになって〜を使った英語の質問を5つ書いてください。	Get into pairs and write five questions in English using 〜.
質問を黒板に書いてください。	Write your questions on the blackboard.
では、ペアでその質問の答えを書いてもらいたいと思います。	Now, I'd like you to write the answers to the questions in pairs.
何か間違いがあると思いますか？	Do you think there are any mistakes?
〜に間違いがあると思います。	I think there are mistakes[is a mistake] in 〜.
〜の間違いを訂正してくれますか？	Can you correct the mistake in 〜?
この表現の後に自分自身の考えを書いてください。	Write your own ideas after this expression.
プリントのスピーチ例を使って参考にして自分自身の意見を書いてください。	Write your own opinions referring to the sample on this handout.

スピーキング活動	Speaking activities
最初にペアでダイアローグを練習してください。	First of all, begin by practicing your dialogues in pairs.
ダイアローグを発表できる人は手を挙げてください。	Raise your hand if you can present your dialogues.
どうぞお願いします。	Go ahead.
次にパートナーを変えて新しいダイアローグを作ってみましょう。	Next, let's change partners and make new dialogues.
この発表についての意見を英語で言ってみてください。	Give us your opinion about this presentation in English.
プリントにある表現から始めてください。	Begin with the expressions on this handout.

外国人の先生と話す時
When speaking with a native English teacher

自己紹介　　　　　　　　　　　　　　　　Self-introductions

- 初めまして。私の名前は〜です。　　Hello. My name is 〜.

- あなたに会えるのを楽しみにしていました。　　We have been looking forward to meeting you.

- 私はあなたと英語表現を教えることになっています。　　I am going to teach English Expressions with you.

生徒への紹介　　　　　　　　　　　　　Introduction to students

- 新しくお見えになったグリーン先生を紹介します。　　I'd like to introduce you to your new teacher, Mr. Green.

- グリーン先生、自己紹介をお願いします。　　Mr. Green, please introduce yourself.

- ありがとうございました。みんな先生に大きな拍手を送りましょう！　　Thank you very much. Let's give him a big hand, class!

授業の準備　　　　　　　　　　　　　　　Class preparation

- 指導案です。何かいいアイディアはありませんか？　　Here is my lesson plan. Do you have any good ideas?

- この教材のためのタスクについて何かアイディアはありますか？　　Do you have any ideas about tasks for this material?

- このレッスンを使ったワークシートを作っていただけますか？　　Could you make a worksheet for this lesson?

授業中の依頼 — Making requests during class

- 教室を回って質問に答えましょう！
  Let's walk around and answer the students' questions!

- 生徒のノートを見て、間違いを直してください。
  Look at the students' notebooks, and correct their mistakes.

- ちょっと中断してもよいでしょうか？
  Would you mind stopping for a moment?

- 〜をもう少し自然な英語にしていただけますか？
  Would you change 〜 to more natural English?

- この話について生徒にいくつか質問をしましょう！
  Let's ask the students some questions about this story!

- 生徒に感想や意見を聞きましょう！
  Let's ask the students about their thoughts or opinions!

- いくつかヒントをいただけますか？
  Could you give us[me] some hints?

- 生徒に〜について説明していただけますか？
  Could you explain to the students about 〜?

- この話についてどんなご意見ですか？
  What is your opinion of this story?

- あと10分あります。何か提案はありますか？
  We have 10 more minutes. Any suggestions?

- 今日の授業について何か感想を述べていただけますか？
  Could you give us some thoughts on today's class?

UNIT 2
先生と生徒のための重要表現
Important Expressions for the Teacher and Students

▶授業の中で、先生と生徒のどちらも使える表現を集めました。生徒から先生に依頼するときは、冒頭に Please をつけさせるようにしましょう。

依頼する時
Expressions for Making Requests

T S この単語を発音してください。	(Please) Pronounce this word.
T S その単語を黒板に書いてください。	(Please) Write the word on the board.
T S 例文を書いてもらえますか？	Could you write a sample sentence?
T S この2つの〜の違いを説明してください。	(Please) Tell me the differences between the two 〜.
T S この表現はどのような時に使われるのですか？	When is this expression used?
T S この英語の文章を他の言葉で表すとどうなりますか？	How can I express this English sentence in other words?
T S 40ページの5行目から15行目までを読んでいただけますか？	Could you read from line 5 to line 15 on page 40?
T S それをもっとゆっくり、はっきりと読んでいただけますか？	Could you read it more slowly and clearly?
T S この語句を使って何か短い文を作ってください。	(Please) Use this phrase and make a short sentence.
T S この部分をやさしい英語で言い換えてくれますか？	Will you paraphrase this part in simple English?

理解したことや感じたことを伝える時
When sharing one's understandings and feelings

T S 私は〜と思います。	I think that 〜 .
T S 私は〜と感じています。	I feel that 〜 .
T S 私もそう思います。	I think so, too.
T S それはいい考えです。	That's a good idea.
T S それは大切だと思います。	I suppose it's important.
T S 間違っていると思います。	I'm afraid you are wrong.
T S 〜と言われています。	It is said that 〜 .
T S 〜の写真［絵］をお見せします。	I will show you some pictures [drawings] from 〜 .
T S 「A」を使って「B」について話します。	I will tell you about "B" by using "A".
T S そのパラグラフには〜と書かれています。	The paragraph says that 〜 .
T S この話のテーマは〜です。	The theme of this story is 〜 .
T S 著者は〜と言おうとしています。	The author is trying to say that 〜 .
T S …なので〜が一番好きです。	I like 〜 the most because … .
T S …なので〜だと思います。	I think 〜 because … .
T S …なので〜に賛成［反対］です。	I agree[don't agree] with 〜 because … .

スピーチ・ディスカッション・ディベートなどをする時
When performing speeches, discussions, debates, etc.

スピーチの時　　　　　　　　　　　　　　　　　　　　When making a speech

導入部で使う表現　　　　Expressions used for opening speeches

- 🆃 Ⓢ 今日は〜について話したいと思います。　　Today I'd like to talk about 〜 .

- 🆃 Ⓢ 今日は〜を発表したいと思います。　　Today I'd like to present 〜 .

本論で使う表現　　　　Expressions used during discussions

- 🆃 Ⓢ 第一に／第二に／第三に／最後に　　First / Second / Third / Finally, 〜 .

- 🆃 Ⓢ いくつか例を挙げます。　　Let me give you some examples.

話題転換や分析　　　　Changing the topic and making an analysis

- 🆃 Ⓢ これまで〜について述べてきました。　　So far I've talked about 〜 .

- 🆃 Ⓢ では〜に移ります。　　Now I'll move on to 〜 .

- 🆃 Ⓢ なぜ〜なのかを詳しく述べます。　　Let me go into detail about why 〜 .

結論で使う表現　　　　Expressions used when making a conclusion

- 🆃 Ⓢ 結論として、〜。　　In conclusion, 〜 .

| ディスカッションの時 | When having a discussion |

意見を聞く時の表現　Expressions at the time of listening to opinions

今日は〜について話し合います。	Today we're going to talk about 〜.
〜についてどう思いますか？	What do you think about 〜?
〜についてどう感じますか？	How do you feel about 〜?
なぜそう思う[感じる]のですか？	Why do you think[feel] that way?
〜に賛成ですか？	Do you agree with 〜?
〜に賛成ですか、それとも反対ですか？	Are you for or against 〜?
〜についてあなたの意見はどうですか？	What is your opinion of 〜?
〜について誰か意見はありますか？	Does anyone have comments on 〜?
誰か違う意見はありますか？	Does anyone have a different opinion?

意見を言う時の表現　Expressions at the time of giving opinions

私の意見は〜ということです。	My opinion is that 〜.
私の意見は、〜。	In my opinion, 〜.
私の視点からすると、〜。	From my point of view, 〜.
私としては〜のほうが好きです。	Personally, I prefer 〜.
〜であるように思えます。	It seems to me that 〜.
〜するのが…だと思います。	I think it ... to 〜.
〜と確信しています。	I'm sure that 〜.

賛成する時の表現　　　Expressions when agreeing

- 🅣 Ⓢ 私はその点については賛成です。　I agree on that point.

- 🅣 Ⓢ いくつかの点を除けば賛成です。　I agree with you except for a few points.

不同意を述べる時の表現　　Expressions for expressing disagreement

- 🅣 Ⓢ 反対です。　I disagree.

- 🅣 Ⓢ それについてはあなたには同意できません。　I can't agree with you on that point.

- 🅣 Ⓢ あなたは正しいかもしれませんが、私は少し違った見方をします。　You may be right, but I see it a little differently.

- 🅣 Ⓢ おっしゃることはわかりますが、私は〜と思います。　I see what you mean, but I think 〜.

繰り返しや補足説明を求める時
　　When requesting further explanations and reiterations

- 🅣 Ⓢ 例を挙げていただけますか？　Could you give us an example?

- 🅣 Ⓢ それについて詳しく述べていただけますか？　Could you elaborate on that?

ディベートの時 / When Debating

主題や要点をはっきりさせる時　When clarifying the main topic and important points

- 今日は〜についてディベートをします。　Today we're going to have a debate on 〜.
- 私は次の３つの理由で〜と思います。　I think that 〜 for the following three reasons.

論点を整理するための表現　When making points

- 最初に、〜について考えたいと思います。　First, I'd like to consider 〜.
- 次に、〜に移りたいと思います。　Next, I'd like to move on to 〜.
- 最後に、〜を提示したいと思います。　Finally, I'd like to present 〜.
- まとめると、〜と思います。　In summary, I think 〜.

反論をする時　When making rebuttals

- あなたは〜と言いましたが、…。　You said 〜, but ... .
- あなたの考え方はわかりますが、〜。　I see your point, but 〜.

確認をする時　When confirming

- 〜と言おうとしているのですか？　Do you mean 〜?
- 〜をわかりやすく説明していただけますか？　Could you clarify 〜?
- 〜と考えるのは正しいですか？　Am I correct in thinking that 〜?
- それはどういうことですか？　What do you mean by that?

| 🅣 Ⓢ それをもう少し詳しく説明していただけませんか？ | Could you explain it more in detail? |

付け加える時　When giving additional information

🅣 Ⓢ 付け加えてもよろしいですか？	May I add something?
🅣 Ⓢ それに加えて、〜。	Besides that, 〜.
🅣 Ⓢ もう1つの点は〜です。	Another point is that 〜.

討論をまとめる時　When summarizing what has been debated

| 🅣 Ⓢ これまで話し合ってきたことをまとめます。 | Let me sum up what we've discussed so far. |
| 🅣 Ⓢ これらの理由で、私たちは〜と主張します。 | For all these reasons, we insist that 〜. |

UNIT 3
生徒のための重要表現
Important Expressions for Students

ⓢ おはようございます。	Good morning.
ⓢ 元気です。ありがとうございます。	I'm fine, thank you.
ⓢ はい、います。 （「〜（人名）はいますか？」に対して）	Here. （"Is 〜 here?" に対して）
ⓢ わかりません。	I don't know.
ⓢ すみません、できません。	I'm sorry, I can't.
ⓢ 何とおっしゃいましたか？	Excuse me?
ⓢ もう一度お願いします。	One more time, please.
ⓢ もう少しゆっくり話してください。	Please speak a little slower.
ⓢ ちょっと待ってください。 （「準備はいいですか？」に対して）	Just a moment, please. （"Are you ready?" に対して）
ⓢ よくわかりません。	I'm not sure.
ⓢ ちょっと考えさせてください。	Let me think about it.
ⓢ 質問が理解できません。	I don't understand your questions.
ⓢ どう答えていいかわかりません。	I don't know how to answer it.
ⓢ 説明するのが難しいです。	It's hard to explain.
ⓢ ヒントをください。	Please give me a hint.
ⓢ 質問をしてもよろしいですか？	May I ask you a question?
ⓢ 〜はどういう意味ですか？	What does 〜 mean?
ⓢ それは〜という意味です。	It means 〜 .

ⓢ 〜を英語でどのように言いますか？	How do you say 〜 in English?	
ⓢ この単語はどのように発音するのですか？	How do you pronounce this word?	
ⓢ 〜はどう綴るのですか？	How do you spell 〜?	
ⓢ 〜はどうやって訳したらいいのですか？	How do you translate 〜?	
ⓢ 〜のやり方を教えてください。	Please teach me how to 〜.	
ⓢ もっと大きな字で書いてください。	Please write in larger letters.	
ⓢ わかりました。	I see.	
ⓢ 〜を見てもいいですか？	Can I look at 〜?	
ⓢ 私の〜は正しいですか？	Is my 〜 correct?	
ⓢ 〜を直していただけませんか？	Could you correct 〜?	
ⓢ 〜をもう一度訳していただけませんか？	Could you translate 〜 again?	
ⓢ 〜をもう一度説明していただけませんか？	Could you explain 〜 again?	
ⓢ ここでなぜ〜を使うのですか？	Why do you use 〜 here?	
ⓢ 〜の意味がわかりません。	I don't know the meaning of 〜.	
ⓢ この文の〜が理解できません。	I can't understand 〜 in this sentence.	
ⓢ この「A」と「B」の違いは何ですか？	What is the difference between "A" and "B"?	
ⓢ この段落で一番大切な〜は何ですか？	What is the most important 〜 in this paragraph?	
ⓢ この〜で作者は何を言おうとしているのですか？	What is the author trying to say in this 〜?	

ⓢ ～を要約していただけませんか？	Could you summarize ～?
ⓢ わかりました。やってみます。	All right. I'll give it a try.
ⓢ この段落で大切な文は～です。	The key sentence in this paragraph is ～.
ⓢ それは～と思います。	I think it is ～.

授業で使う用語・表現
Terms and expressions in the class

教科書に関するもの — About the text

教科書／問題集／参考書	textbook / workbook / reference book
第３章	chapter 3
６ページの11行目	line 11 on page 6
第２段落の５行目	line 5 in the second paragraph
上から８行目	the 8th line from the top
下から３行目	the 3rd line from the bottom
３番目の単語［文］	the 3rd word[sentence]
注	note
右［左］上の写真	the picture in the upper right[left] corner
真ん中	in the middle
物語／伝記／小説／記事／論説文／詩	story / autobiography / novel / article / editorial / poem

教科書に関するもの — About the text

一度／二度／三度	once / twice / three times
中間試験／期末試験／小テスト／抜き打ちテスト	mid-term exam / final exam / quiz / pop quiz
プリント／宿題／課題	handouts / homework / assignments
成績	grade
試験範囲	scope of the exam

文法に関するもの — About the grammar

第1文型／第2文型／第3文型／第4文型／第5文型	the first sentence pattern / the second sentence pattern / the third sentence pattern / the fourth sentence pattern / the fifth sentence pattern
主語／動詞／補語／目的語	subject / verb / complement / object
修飾語／形容詞句／副詞節	modifier / adjective phrase / adverb clause
自［他］動詞／規則［不規則］動詞	intransitive[transitive] verbs / regular[irregular] verbs
時制［現在／過去／未来／現在完了／過去完了／未来完了］	tenses [the present tense / the past tense / the future tense / the present perfect tense / the past perfect tense / the future perfect tense]
助動詞	auxiliary verbs
受動態／能動態	the passive voice / active voice
不定詞	infinitives
分詞［現在分詞／過去分詞］	participles [present participle / past participle]
動名詞	gerunds
関係代名詞／関係副詞	relative pronouns / relative adverbs
前置詞	prepositions
接続詞	conjunctions
比較級	the comparative (degree)
仮定法	the subjunctive mood
名詞［冠詞／代名詞］	nouns [articles / pronouns]

教室に関するもの — About the classroom

1列目／2列目／3列目	the first row / the second row / the third row
前［後ろ］から順に	beginning from the front[back]
窓側［廊下側］の生徒から	from students at the window side [hallway side]

COLUMN 英語を媒体とした授業へ

　日本語中心で進めていたこれまでの授業から、英語をコミュニケーションの媒体とした授業へと、スムースに移行する方法を考えてみましょう。

　教師と生徒の教室内での発話を、R. Ellis（1984）は次の3つの目的に分類しています。①core goals（中核目的）は、授業の指導目的に関連した、例えば、文法の説明、内容の解説などです。②framework goals（枠組目的）は、授業運営に関連した、例えば、プリントの配布についての発話、生徒の授業態度についての注意などです。③social goals（社交目的）は、社交上の個人的な情報に関連した、例えば、あいさつなどです。

　典型的な日本の英語の授業23クラスのデータ分析からKaneko（1992）は、教師の発話時間81％（生徒19％）のうち、core goalsが60％、framework goalsが16％、social goalsが5％であることを示しました。残念なのは、60％のcore goalsのうち英語は18％で、残りは日本語でした。しかもその18％の英語のうち、教科書を読むなど、自発的でないものが17％も占めていたのです。

　同じデータから、教師は英語で授業を進めようとすると、core goalsで英語を使うこともわかりました。Framework goalsやsocial goalsで英語を使うことを忘れてしまっています。これらの目的の方が、コミュニケーションの道具として英語を使うにはぴったりではありませんか。

　教育実習生の研究授業を参観すると、英語で授業を行おうとする努力は認められても、効果が挙がっているのだろうかと疑問を持つことがあります。日本語でも充分に理解してもらえない、主にcore goalsに関わることを四苦八苦して英語で説明しているのです。これではまるで、教師が一方的に英語の練習をしているようなものです。まずは、framework goalsやsocial goalsを達成するための英語から使ってみませんか。理解できる英語のレベルで、意思疎通を計りながら、英語を媒体として伝達内容を理解させることこそが英語学習には重要なのです。

　英語をコミュニケーションの媒体とした授業をスタートするには、何が何でもすべて英語で話さなければならないという妄想を捨てましょう。まずは、目的によって日本語と英語を使い分けることからチャレンジしてみませんか。Social goalsから始めて、英語のあいさつに続けて、昨日の出来事を話したり、その時に感じたことなどを伝えたりします。次は、framework goalsです。テストの予告を英語で行えば、生徒達は必死に聞くこと、請け合いです。

Ellis, R. 1984. *Classroom second language development.* Pergamon.
Kaneko, T. 1992. *The role of the first language in foreign language classrooms.* UMI.

COLUMN　インプットの重要性

　英語の学習に欠かせないのは、何をさておいても、英語のインプットです。英語を聞いたり、読んだりすることなしに、英語を学習できるとは到底考えられません。教室内での重要なインプットの供給源である教師の英語の重要性を、第2言語習得研究の視点から考えてみましょう。

　インプットの重要性を初めて指摘したKrashen（1982）は、第2言語（母語の次に学ぶ言語）習得を「モニターモデル」で説明しています。その主張は、「習得」は学習者が伝達された内容をcomprehensible input（理解可能なインプット）として理解すること、つまり、第2言語で聞いたり、読んだりすることを「理解」することによって起こるというものです。

　では、「モニターモデル」の5つの下位仮説を簡単に説明しましょう。Krashenは英語習得のみを議論したわけではありませんが、ここでは、第2言語を英語に置き換えて説明します。①acquisition-learning hypothesis（習得・学習仮説）では、成人が英語を学習する場合、文法知識などを学びながら積み重ねる意識的な学習（learning）は、幼児が自然に母語を獲得していくような無意識的な習得（acquisition）とはならないことを、②natural order hypothesis（自然習得仮説）では、英語の構造は一定の順序に従って習得され、その順序は母語や年齢に左右されないことを、③monitor hypothesis（モニター仮説）では、learningはacquisitionには至らないが、自らの誤りを修正する等の監視装置として活用されることを、④affective filter hypothesis（情意フィルター仮説）では、概念上のフィルターとしてインプットの量を心理的に調節する機能が存在することを、そして、⑤input hypothesis（インプット仮説）では、学習者が現在持っている英語レベル（i＝interlanguage 中間言語）よりもワンランクだけ高いレベルの要素（+1）を含んだインプットを理解することによって、英語習得が無意識的に進められることを主張しています。

　これらの仮説からどのような示唆を得ることができるでしょう。①意識的な学習だけでは英語が使えるようにならないこと、②教えた英語が誰でもすぐに使えるようにはならないこと、③意識的な学習は、生徒自らが発話したり作文したりする場合に役立つこと、④より多くのインプットを吸収してもらえるように学習者の動機を高めることが重要であること、そして、⑤例えば、CDを聞かせたり、一斉にレペティションをさせたりするだけでは、それぞれの生徒に i+1 を理解してもらうチャンスを与えられず、教師による生のインプットが非常に重要であることがわかります。

Krashen, S. 1985. *The input hypothesis: Issues and implications.*　Longman.

第2章

対話例
Example Dialogues

　第1章「重要表現」を用いた対話例を、実際の授業の流れに沿った場面別に示しました。

　ここで重要なのは、生徒に発言を求める前に、まず「これから行う内容を英語で伝えること」「より生徒に発言しやすい質問をすること」です。これらは「教室英語の骨組み」(Framework of Classroom English) となり、授業の流れを示す重要な指標となります。

※本章では、特にポイントとなるフレーズは太字で示しました。

UNIT 1
先生が主体となる対話例
Examples of teacher-based dialogues

あいさつや出欠確認のための対話例
Examples of dialogues for greetings and taking roll call

CD 45

▶授業の初めに行う対話例で、授業前のウォームアップです。あいさつや出欠確認に、体調や天気などの質問を付け加えます。質問を1つ付け加えるだけでも活気が出て、楽しく授業を始めることができます。やさしい英語のやりとりから始め、少しずつ内容のある対話ができるようになるとよいでしょう。

1.

T みんな、おはよう。　　　　　　　　**T** Good morning, everyone.

S おはようございます、タケウチ先生！　**S** Good morning, Mr. Takeuchi!

2.

T 元気ですか？　　　　　　　　　　　**T** How are you?

S 元気です、ありがとうございます。　　**S** I'm fine, thank you.

T よかった！　　　　　　　　　　　　**T** Good!

3.

T 出席をとります。アリサはいますか？　**T** I'll call the roll. Is Arisa here?

S います。　　　　　　　　　　　　　**S** Here.

4.

T 今日は何日ですか？　　　　　　　　**T** What's the date today?

S 11月24日です。　　　　　　　　　　**S** It's November 24th.

T そのとおりですね。　　　　　　　　**T** Good.

5.

T 今日の天気はどうですか？　　　　　**T** How's the weather today?

46

Ⓢ 晴れています。　　　　　　　Ⓢ It's sunny.

Ⓣ ありがとう。　　　　　　　　Ⓣ Thank you.

6.
Ⓣ 宿題はやりましたか？　　　　**Ⓣ Did you do your homework?**

Ⓢ はい、やりました。　　　　　Ⓢ Yes, I did.

Ⓣ よろしい！　　　　　　　　　Ⓣ Very good!

「英語で授業」のコツ　その①

　英語で授業をする際に大切なことは、生徒と一緒に少しずつ英語を使う時間を増やしていくことです。その際、次の4つの点に注意しましょう。

1. これから行うことを"Let's ~"や"Let me ~"という表現で示しながら、授業を進める。
　例）Let's check the new words and phrases! (p.17)
　　　Let me give you some examples. (p.32)

2. 具体的な指示をわかりやすく、動詞で始まる文で示す。
　例）Get into groups of four or five. (p.20)
　　　Raise your hand if you can present your dialogues. (p.27)

3. 生徒への質問は答えやすいものから始め、少しずつ生徒が思ったことや感じたことを聞く質問にする。
　例）What is the title of this lesson? (p.16)
　　　Which sentence do you like best? (p.17)
　　　What do you think this story is about? (p.25)

4. ほめたり、励ましたり、確認や聞き返しをしながら授業を進めていく。
　例）Very close! (p.21) / Good question! (p.21)
　　　Any questions? (p.22) / Is this what you mean? (p.22)

復習のための対話例
Examples of dialogues for review

▶前回の授業の復習をするための対話例で、重要語句の復習の後、小テストなどを行います。「次に行う内容を指示するための表現」がポイントとなります。

1.

T 前の授業の復習をしよう！
どんな話だった？

S 地球についてでした。

T よくできました！

T **Let's review the previous lesson!** What kind of story was it?

S It was about the Earth.

T Very good!

2.

T これらの重要語句を復習しよう！
「beauty」は日本語ではどういう意味ですか？

S 「美しい」という意味です。

T すばらしい！

T **Let's review these important words and phrases!** How do you say "beauty" in Japanese?

S We say "utsukushii."

T Excellent!

3.

T 小テストを行います。準備はいいですか？

S はい、いいです。

T **We're going to have a quiz.** Are you ready?

S Yes, I am.

課のタイトルや内容などを確認するための対話例
Examples of dialogues for confirming lesson titles, content, etc.

▶課のタイトルやテーマを、生徒に確認させます。積極的にほめ、間違いを気にしないような雰囲気作りに努めましょう。生徒が質問にすぐ答えられない場合は、教科書に載っている写真や絵をヒントにするとよいでしょう。

1.

T 今日はどこから授業が始まりますか？　**T** Where do we start today?

S 4課からです。　**S** We start from Lesson 4.

T そのとおり！　**T** Good!

2.

T 4課のタイトルは何ですか？　**T** What is the title of Lesson 4?

S タイトルは「私の学校生活」です。　**S** The title is "My School Life."

T すばらしい！　**T** Great!

3.

T これはどんな話でしょうか？　**T** What kind of story is this?

S わかりません。　**S** I don't know.

4.

T 黒板の絵は何でしょうか？　**T** What is the picture on the blackboard?

S 日本です。　**S** Japan.

T 「日本の地図です」と言ってください。　**T** Say, "It's a map of Japan."

5.

T この絵はどうですか？　**T** How about this picture?

S アメリカの地図です。　**S** It's a map of America.

T よくできました！　**T** Very good!

6.

T これはどんな話だと思いますか？

T What kind of story do you think this is?

S 日本とアメリカの友情の話だと思います。

S I think it's about the friendship between Japan and America.

T すばらしい！

T Excellent!

「英語で授業」のコツ その②

先生と生徒の英語のやりとりを、より内容あるものにするためには、次の点が大切です。

1. 「依頼」「意見」「感想」などを言うための表現（pp.30-34）を生徒に提示し、それを使えるよう指導する。
例）Please write the word on the board.(p.30) / I think that ~ (p.31)
I feel that ~ (p.31) / Today I'd like to present ~ (p.32)
What do you think about ~? (p.33) /I agree on that point.(p.34)

2. 生徒が先生に対して英語を使う時は、"Please ~"や"Could you ~?"で始まる表現を用いる（"Would you ~?"より"Could you ~?"の方が親しみがある）。
例）Please tell me the difference between the two ~? (p.30)
Could you read it more slowly and clearly? (p.30)
Could you explain it more in details? (p.36)

新出語句や文の意味、読みを確認する時の対話例

Examples of dialogues when confirming readings, the meaning of sentences, and new words/phrases

CD 48

▶次に、新出語句・文の意味や読みを確認します。「授業の流れを示す教室英語」(太字で表示)を用いて、授業を進める対話例を示しています。

1.

T では、新しい語句を確認しましょう！ 「memory」は日本語ではどういう意味ですか？

S 「思い出」という意味です。

T そのとおりです！

T **Now, let's check the new words and phrases!** How do you say "memory" in Japanese?

S We say "omoide".

T Good!

2.

T では、その語句を読みましょう！ この単語を読んでください。

S もう一度言ってください。

T **Now, let's read the words and phrases!** Read this word.

S One more time, please.

3.

T では、文を訳しましょう！ 最初の文を訳してください。

S わかりません。

T **Now, let's translate the sentences!** Translate the first sentence.

S I don't understand.

4.

T では、一緒に文の構造を確認しましょう！ この文の主語は何ですか？

S 主語は「memory」です。

T よくできました！

T **Then, let's check the sentence structure!** What is the subject of this sentence?

S The subject is "memory."

T Very good!

5.

T 「it」は何を指していますか？

S 「our school」を指しています。

T すばらしい！

T What does "it" refer to?

S It refers to "our school."

T Great!

6.

T 私が言おうとしていることがわかりますか？

S はい、わかります。

T その文の訳をノートに書いてください。

T Do you understand what I am saying?

S Yes, I do.

T Write the translation of the sentence in your notebook.

「英語で授業」のコツ その③

　教室の中で活発に英語でやりとりするためには、生徒に実際に使ってほしい表現を提示し、手元において常に使えるよう指導することが必要です。第1章 UNIT 3「生徒のための重要表現」(pp.37-39) はそのためのものですが、中でも次の表現は必須です。

例) I don't know. / One more time, please.
　　Please speak a little slower. / May I ask you a question?
　　How do you say ~ in English? / How do you pronounce this word?
　　How do you translate ~ ?

　また、上の表現以外に"I don't know how to ~ "や"Could you ~ ?"といった表現を紹介し、生徒同士でさまざまな表現を考える時間を設けることも、生徒が英語を主体的に使う上で大切です。

例) I don't know how to answer it.
　　Could you correct ~? / Could you explain ~ again?

ペアでの読みの練習や、グループで本文の内容を考えて発表する時の対話例

CD 49

Examples of dialogues for reading practice in pairs, thinking about the content of sentences in groups, and when presenting them

▶まず、ペアで読みの練習をし、発表します。次に本文の内容について質問し、それをグループで考えて発表します。たとえば「教科書の本文から好きな文を選ばせる」など、英語が得意でない生徒も答えられる質問もよいでしょう。

1.

T 次に、ペアで読みの練習をしてください。ヨシエとナオ、最初の段落を読んでくれますか？

T **Next, practice reading in pairs.** Yoshie and Nao, will you read the first paragraph?

S はい、やります。

S Yes, we will.

T ありがとう。

T Thank you.

2.

T 最後に、この話について質問をしますね。グループで考えてください。この話はどうでしたか？

T **Finally, let me ask you some questions about this story.** Think about them in groups. How did you like this story?

S とてもおもしろかったです。

S Very interesting.

T いいですね。

T Good.

3.

T 第2段落で一番大切な文はどれですか？

T **Which sentence is the most important in the second paragraph?**

S 10行目の文が一番大切です。

S The sentence on the 10th line is the most important.

T そのとおり！

T Good!

4.

T どの文が一番好きですか？

T **Which sentence do you like the best?**

S 最後の文が一番好きです。

S I like the last sentence the best.

T それはおもしろい！

T That's interesting!

5.
T この話のテーマは何でしょうか？　　**T** What is the theme of this story?

S テーマは友情です。　　**S** The theme is friendship.

T すばらしい！　　**T** Great!

第2章では、「さまざまな授業の場面における対話例」を示しています。ここでは「対話型」の英語の授業を目指していますが、そのポイントを7個にまとめました。
（参考文献：吉田達弘・望月敏伸　「英語科授業における『対話』の発生と『間主観性』」兵庫教育大学研究紀要、2002年）

「対話型」授業のポイント①

「対話型」の英語授業とは？

　教師と生徒が「よき聞き手」および「よき話し手」となって、質疑応答をしながら授業を進める「双方向型の授業」のこと。この授業では、教師と生徒が互いの言葉を聞きながら、意味の調整を行いつつ進むので、「即効性」や「情報修正」が要求される。

「対話型」授業のポイント②

「発信型」の英語授業とは？

　スピーチに代表されるように、発表者が入念な準備をして、自らの考えを発信する授業。大切なのは、「いかに自分の情報を正確にわかりやすく伝えられるか」ということである。発表者が相手に情報を提供し、それを受けた相手がその情報を読んだり聞いたりして、理解できたり説得されたりすることが重要となる。

まとめの対話例
Examples of dialogues for summarizing

▶授業のまとめを進めるための対話例です。

1.

T 本文について何か質問はありますか？

T Do you have any questions about the text?

S 10行目をもう一度説明してください。

S Please explain the sentence on the 10th line.

2.

T 今日は何を勉強しましたか？

T What did you study today?

S 「A」と「B」を勉強しました。

S We studied "A" and "B".

T そのとおりです！「A」と「B」を使って文を作ってみましょう！

T Good! Let's make a sentence using "A" and "B"!

3.

T これはどんな話でしたか？

T What kind of story was this?

S 友情についてでした。

S It was about friendship.

T よくできました！

T Very good!

4.

T 友情について一語で言いましょう！

T Let's say one word about friendship!

S 友情は大切です。

S Friendship is important.

T すばらしい！

T Excellent!

5.

T 他に何か考えたことはありませんか？

T Any other ideas?

S 友情は永遠です。

S Friendship is forever.

T すばらしい！

T Great!

6.

🔹 今日の授業はどうでしたか？　　🔹 **How was today's class?**

🔹 楽しかったです。　　　　　　　🔹 It was fun.

🔹 次の授業で会いましょう！　　　🔹 **See you next class!**

「対話型」授業のポイント③
「発信型」から「対話型」の英語授業へ

　「受信型」→「発信型」→「対話型」のように、英語の授業の目標は、コミュニケーション時代の進化とともに変化してきた。今、英語の授業で目標とされるのは、教師と生徒がお互いの意思や考えを尊重しながら授業を進める、「対話型」の授業であるといえる。

「対話型」授業のポイント④
「対話型」の英語授業に必要な発問

　「対話型」の授業に近づくための第一歩は、相手の立場に立って発問し、それに答えるよう心がけることである。聞き手は、話し手が答えやすい発問から始め、徐々に「相手の考えや気持ちを聞く発問」に移っていくことが重要。同時に、生徒にもさまざまな答え方をあらかじめ教えておくことが大切である。

生徒の発言を促す対話例
Examples of dialogues to encourage students to speak

▶「確認や聞き返しなどの表現」を用いて、生徒の発言を促すための対話例を示しています。

1.

T タカヨ、この単語を知っていますか？　　**T** Takayo, do you know this word?

S …。　　**S** ... .

T いいですよ。もしわからなければ、「いいえ、わかりません」と言ってください。　　**T** OK. If you don't understand, please say, "No, I don't understand."

S いいえ、わかりません。　　**S** No, I don't understand.

T よくできました！　　**T** Good!

2.

T サユリ、これが理解できますか？　　**T** Sayuri, can you understand this?

S いいえ、できません。　　**S** No, I can't.

T 語彙と文法のどちらのほうが難しいですか？　　**T** Which is more difficult, vocabulary or grammar?

S 語彙です。　　**S** Vocabulary.

T そうですか、サユリ。ヒントを出しますね。　　**T** OK, Sayuri. Let me give you a hint.

3.

T ミノリ、この質問の正しい答えは何ですか？　　**T** Minori, what's the correct answer to this question?

S わかりません。　　**S** I don't know.

T できますよ。「in」か「on」のどちらが使えると思いますか？　　**T** You can do it. Which do you think you can use, "in" or "on"?

- Ⓢ 「on」です。
- Ⓣ そうです、ミノリ。よくできました！

- Ⓢ On.
- Ⓣ OK, Minori. Very good!

4.
- Ⓣ カオル、「rice」を繰り返してください。
- Ⓢ …。
- **Ⓣ 自信をもって。やってみよう！**
- Ⓢ Rice。
- Ⓣ すばらしい！　そんなに難しくなかったでしょ？

- Ⓣ Kaoru, please repeat "rice" after me.
- Ⓢ ... .
- **Ⓣ Don't be afraid. Just try it!**
- Ⓢ Rice.
- Ⓣ Great! That wasn't so difficult, was it?

5.
- Ⓣ ユキノ、何か質問はありますか？
- Ⓢ いいえ。
- **Ⓣ そうですか、ユキノ。この文はどうですか？　難しいですか？**
- Ⓢ はい、難しいです。
- Ⓣ ユキノ、心配しなくていいですよ。説明しますね。

- Ⓣ Yukino, any questions?
- Ⓢ No.
- **Ⓣ OK, Yukino. How about this sentence? Is it difficult?**
- Ⓢ Yes, it's difficult.
- Ⓣ Don't worry, Yukino. Let me explain.

6.
- Ⓣ シノブ、「バラ」は英語でどう言いますか？
- Ⓢ …。
- **Ⓣ シノブ、あきらめちゃいけませんよ。ヒントを出します。最初の文字は「r」です。**
- Ⓢ Rose。
- Ⓣ たいへんよくできました！

- Ⓣ Shinobu, how do you say "bara" in English?
- Ⓢ ... .
- **Ⓣ Don't give up, Shinobu. I'll give you a hint. The first letter is "r."**
- Ⓢ Rose.
- Ⓣ Excellent!

7.

T みんな、ついてきていますか？　モエはどうですか？

S いいえ、わかりません。

T 何が難しかったの？　速さだった？

S はい。

T わかりました、モエ。もう一度繰り返しますね。

T All right class, are you following me so far? How about Moe?

S No. I don't get it.

T What was difficult for you? Was it the speed?

S Yes.

T OK, Moe. I'll repeat it again.

8.

T モエ、その答えは何ですか？

S …。

T ごめんね、それをもう一度言ってくれますか？

S …答えは「take a bus」です。

T ありがとう！　すばらしい！

T Moe, what is the answer?

S ... .

T Excuse me, could you say that again?

S ... The answer is "take a bus."

T Thank you! Fantastic!

9.

T ジュン、どう思う？

S …いいです。

T それについてもう少し言ってみてくれますか？

S いい考えです。

T すばらしい！

T Jun, what do you think?

S ... Good.

T Could you tell me a little more about it?

S It's a good idea.

T Wonderful!

10.

🅣 発音に焦点を当てたいと思います。ヤスヨ、ニックの言ったことがわかりましたか？

🅢 速すぎました。

🅣 （ALTに）**ニック、それをもう一度もっとゆっくり言ってくますか？**（ヤスヨに）どうですか？　わかりましたか？

🅢 はい。ありがとうございました。

🅣 よくできました。

🅣 I'd like to focus on pronunciation. Yasuyo, could you understand what Nick said?

🅢 It was too fast.

🅣 (To ALT) **Nick, can you say it again more slowly?** (To Yasuyo) **How was it? Did you get it?**

🅢 Yes. Thank you.

🅣 Good job.

質問や意見を言うための対話例
Examples of dialogues for saying questions and opinions

▶先生が生徒に教科書の本文について質問をし、生徒が答える対話例です。生徒が答えやすい質問から始めて徐々に意見や理由を聞くようにしています。教室英語の骨組み（Framework of Classroom English）として、授業の流れを示す表現は■で示しました。

1.

T 今日はこの物語について話し合いをします。*いくつか英語で質問しますね。*

T Today we will talk about this story. *Let me ask you some questions in English.*

2.

T この話が好きですか？

T Do you like this story?

S はい、好きです。

S Yes, I do.

3.

T なぜ好きなのですか？

T Why do you like it?

S おもしろいからです。

S Because it's interesting.

4.

T どこが一番おもしろかったですか？

T Which part was the most interesting?

S 第3段落が一番おもしろかったです。

S The third paragraph was the most interesting.

5.

T なぜそこが一番おもしろかったのですか？

T Why was it the most interesting?

S たくさんよい言葉があったからです。

S Because there were many good words.

6.

T 主人公についてどう思いますか？

T What do you think of the main character?

S 彼女はとても正直だと思います。

S I think she is very honest.

7.

T 彼女の生き方に賛成ですか？　　　**T** Do you agree with her way of life?

S はい、賛成です。　　　**S** Yes, I do.

8.

T なぜ彼女の生き方に賛成なのですか？　　　**T** Why do you agree with her way of life?

S とても前向きだからです。　　　**S** Because it's very positive.

9.

T 彼女の意見に賛成ですか、それとも反対ですか？　　　**T** Are you for or against her opinion?

S 反対です。　　　**S** I am against it.

10.

T なぜ反対なのですか？　　　**T** Why are you against it?

S 考え方が違うからです。　　　**S** Because my point of view is different.

11.

T 最初の段落で一番大切な文はどれですか？　　　**T** Which is the most important sentence in the first paragraph?

S 最初の文が一番大切だと思います。　　　**S** I think the first sentence is the most important.

12.

T この文のキーワードは何ですか？　　　**T** What is the key word of this sentence?

S 「honesty」です。　　　**S** It's "honesty."

13.

T 著者はこの文で何を言おうとしていますか？　　　**T** What is the author trying to say in this sentence?

S 彼は正直さが一番大切なことだと言おうとしています。　　　**S** He's trying to say that honesty is the most important thing.

14.

- 🇹 もし主人公の立場だったらどうしますか？
- 🇸 同じことをするでしょう。

- 🇹 What would you do if you were the main character?
- 🇸 I would do the same thing.

15.

- 🇹 この物語の主なテーマは何でしょうか？
- 🇸 その主なテーマは真実を他の人たちに伝えるべきだということです。

- 🇹 What is the main theme of this story?
- 🇸 The main theme is that we should tell the truth to others.

16.

- 🇹 *では、みんなで意見交換をしましょう！* 彼の意見についてどのように考えますか？
- 🇸 すばらしいと思います。

- 🇹 *Now, exchange opinions with one another!* What do you think about his opinion?
- 🇸 I think it's great.

17.

- 🇹 なぜそう思うのですか？
- 🇸 この物語をとてもよく理解しているからです。

- 🇹 Why do you think so?
- 🇸 Because it makes a lot of sense.

18.

- 🇹 彼女の意見について何か考えはありますか？
- 🇸 難しすぎると思います。

- 🇹 Do you have any thoughts on her opinion?
- 🇸 I think it's too difficult.

19.

- 🇹 どこが難しいですか？
- 🇸 何を言おうとしているかが理解できません。

- 🇹 What is difficult for you?
- 🇸 I can't understand what they are trying to say.

20.

- 🇹 この物語から何を学びましたか？
- 🇸 友達の大切さを学びました。

- 🇹 What did you learn from this story?
- 🇸 I learned the importance of friends.

練習問題や文法の説明の対話例
Examples of dialogues for explaining practice questions and grammar

▶教科書やプリントの練習問題についての対話例を示しました。最初は問題の答えを聞く易しい質問から始め、徐々に文法的なことを聞くようにしています。教室英語の骨組み（Framework of Classroom English）として、授業の流れを示す表現は ▆▆ で示しました。

1.

Ⓣ 今日は25ページの練習問題をやりましょう。予習をしましたか？

Ⓣ *Today let's do the exercises on page 25.* Have you prepared?

Ⓢ 少し（やりました）。

Ⓢ Somewhat.

2.

Ⓣ 問題3の4番目の問題を答えてください。

Ⓣ Please answer question 4 of Exercise 3.

Ⓢ 答えは「that」です。

Ⓢ The answer is "that."

3.

Ⓣ 7番目の問題はわかりますか？

Ⓣ Do you understand question 7?

Ⓢ わかりません。

Ⓢ I don't understand it.

4.

Ⓣ どこが難しいですか？

Ⓣ What is difficult for you?

Ⓢ 文の意味がわかりません。

Ⓢ I don't understand the meaning of the sentence.

5.

Ⓣ 文法について質問しますね。"S"の意味は何ですか？

Ⓣ *Let me ask you about grammar.* What does "S" mean?

Ⓢ 「Subject」の意味です。

Ⓢ It means "Subject."

6.

Ⓣ 「bring」の過去形は何ですか？

Ⓣ What is the past tense of "bring"?

Ⓢ 「brought」です。

Ⓢ It's "brought."

7.

T 現在完了には「have」と「had」のどちらを使いますか？

S「have」を使います。

T Which do you use for the present perfect, "have" or "had"?

S You use "have."

8.

T 過去完了はどうですか？

S「had」を使います。

T What about "the past perfect"?

S You use "had."

9.

T この文には「which」と「that」のどちらがよいですか？

S「that」の方がよいと思います。

T Which is better in this sentence, "which" or "that"?

S I think "that" is better.

10.

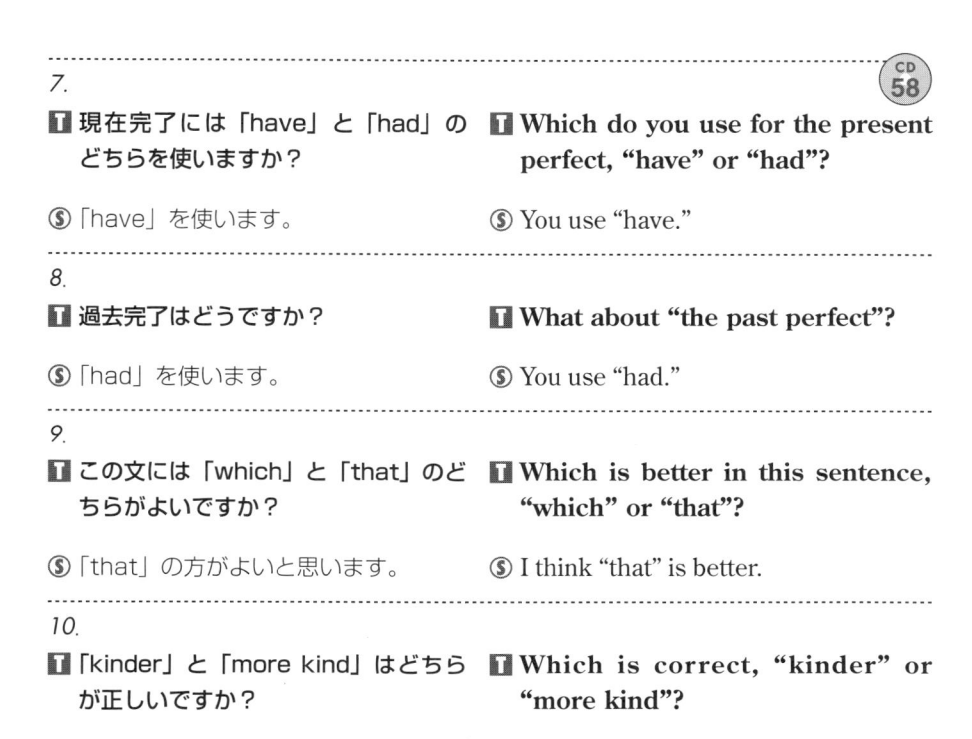

T「kinder」と「more kind」はどちらが正しいですか？

S「kinder」が正しいです。

T Which is correct, "kinder" or "more kind"?

S "Kinder" is correct.

UNIT 2
生徒が主体となる対話例
Examples of student-based dialogues

生徒が質問する対話例
Examples of dialogues in which students ask questions

▶生徒が主体で質問する対話例を示しました。最初は易しい質問から始まり、語句・文の意味や読み方、そして訳し方や本文の内容についての質問へと進みます。

1.
Ⓢ タケウチ先生、お元気ですか？　　Ⓢ How are you, Mr. Takeuchi?

Ⓣ 元気ですよ、ありがとう。　　Ⓣ I'm fine, thank you.

2.
Ⓢ 質問してもいいですか？　　Ⓢ May I ask you a question?

Ⓣ はい、どうぞ。　　Ⓣ Yes, please go ahead.

3.
Ⓢ 次のテストはどこですか？　　Ⓢ What will the next test cover?

Ⓣ ３課と４課です。　　Ⓣ It will cover Lessons 3 and 4.

4.
Ⓢ どんな問題が出ますか？　　Ⓢ What kind of questions will there be on the test?

Ⓣ 重要語彙や文や文法の問題が出ます。　　Ⓣ There will be questions about important vocabulary, sentences, and grammar.

5.
Ⓢ 今日は何をやるんですか？　　Ⓢ What are we doing today?

Ⓣ レッスン２を勉強します。　　Ⓣ We will study Lesson 2.

6.

Ⓢ 「dream」は日本語ではどういう意味ですか？

Ⓢ How do you say "dream" in Japanese?

Ⓣ 「夢」という意味です。

Ⓣ We say "yume."

7.

Ⓢ 「希望」を英語でどう言うのですか？

Ⓢ How do you say "kibou" in English?

Ⓣ 「hope」と言います。

Ⓣ We say "hope."

8.

Ⓢ この単語はどう発音するのですか？

Ⓢ How do you pronounce this word?

Ⓣ わかりました。もう一度発音します。

Ⓣ OK. I'll pronounce it one more time.

9.

Ⓢ この文をもう一度読んでいただけませんか？

Ⓢ Could you read this sentence again?

Ⓣ はい、注意深く聞いてください。

Ⓣ Yes, please listen carefully.

10.

Ⓢ この文を訳していただけませんか？

Ⓢ Could you translate this sentence?

Ⓣ はい、わかりました。

Ⓣ Yes, I will.

11.

Ⓢ それを黒板に書いていただけませんか？

Ⓢ Could you please write it on the blackboard?

Ⓣ もちろんです。

Ⓣ Of course.

12.

Ⓢ 例を挙げていただけませんか？

Ⓢ Could you give me an example?

Ⓣ もちろんです。例を示します。

Ⓣ Sure. I'll give you an example.

13.

- Ⓢ 私の答えは正しいですか？
- Ⓣ はい、正しいです。

- Ⓢ Is my answer correct?
- Ⓣ Yes, it is.

14.

- Ⓢ この文の動詞は何ですか？
- Ⓣ 動詞は「is」です。

- Ⓢ What is the verb in this sentence?
- Ⓣ The verb is "is".

15.

- Ⓢ その問題をどうやって答えたらいいのですか？
- Ⓣ わかりました。ヒントをあげます。

- Ⓢ How can I answer the question?
- Ⓣ OK. I'll give you a hint.

16.

- Ⓢ この表現はどのような時に使うのですか？
- Ⓣ 嬉しい時に使ってください。

- Ⓢ When do you use this expression?
- Ⓣ You use it when you are happy.

17.

- Ⓢ なぜ主人公はそのようなことを言ったのですか？
- Ⓣ 家族に再会できてとても嬉しかったからです。

- Ⓢ Why did the main character say such a thing?
- Ⓣ Because she was very happy to see her family again.

18.

- Ⓢ この表現はよく使われますか？
- Ⓣ はい、よく使われます。

- Ⓢ Is this expression used very often?
- Ⓣ Yes, it is.

19.

- Ⓢ 次は何をやるんですか？
- Ⓣ 30ページの練習問題をやります。

- Ⓢ What are we doing in the next class?
- Ⓣ We will do the exercises on page 30.

20.

Ⓢ 今日の宿題は何ですか？

🇹 今日の宿題は練習問題を解いてくることです。

Ⓢ **What is today's homework?**

🇹 Today's homework is to answer the questions in the exercises.

「対話型」授業のポイント⑤

２つの発問の種類

1. 相手が答えやすい発問とは

　最初の発問は、Yes / Noで答えられたり、単語1語で答えられるような簡単な発問から始めること。このような発問は「クローズド・クエスチョン」と呼ばれる。ただ、この発問があまり続くと、一方的な価値観で答えを誘導されている印象を与えるため、注意が必要。

2. 相手の考えや気持ちを聞く発問とは

　クローズド・クエスチョンと対照的なのは「オープン・クエスション」で、5W1H (when/where/who/what/why/how) を用いて、相手の「考え」や「気持ち」に重点を置く発問である。発問を受ける側が主導権を取ることができるため、リラックスして気持ちを打ち明けやすくなる。

「対話型」授業のポイント⑥

発問する際の留意点

　発問をより効果的なものにするには、次の３つの点に留意する。
①自然であること　②有意味であること　③自分のこととして捉えることができること

「対話型」授業のポイント⑦

答える側に必要とされる知識とは？

　「対話型」授業のためには、発問の工夫だけでなく、答える側の知識も必要である。つまり、答えるためのさまざまな表現をあらかじめ生徒に提示しておくことで、より自然な「対話型」の授業が生まれる。

生徒同士の対話例
Examples of dialogues among students

▶生徒同士がやさしい教室英語を用いて、やりとりができることを目指します。

1.
- Ⓢ1 元気？
- Ⓢ2 元気だよ。／まあまあだよ。

- Ⓢ1 How are you?
- Ⓢ2 I'm fine. / So-so.

2.
- Ⓢ1 この間どうして休んだの？
- Ⓢ2 ちょっと具合が悪かったんだ。／病院に行ったんだ。

- Ⓢ1 Why were you absent the other day?
- Ⓢ2 I felt a little ill. / I went to the hospital.

3.
- Ⓢ1 きのうの放課後どこへ行ったの？
- Ⓢ2 部活だよ。／バイトに行ったよ。

- Ⓢ1 Where did you go after school yesterday?
- Ⓢ2 I took part in the club activity. / I worked at a part-time job.

4.
- Ⓢ1 テストどうだった？
- Ⓢ2 あまりよくなかったよ。／とても難しかったよ。

- Ⓢ1 How was the test?
- Ⓢ2 I didn't do so well. / It was very difficult.

5.
- Ⓢ1 この単語の意味は何？
- Ⓢ2 辞書で調べたほうがいいよ。／私もわからない。

- Ⓢ1 What does this word mean?
- Ⓢ2 You should look it up in your dictionary. / I don't know, either.

6.
- Ⓢ1 この文の訳し方教えてくれる？
- Ⓢ2 いいよ。／まだ終わってないんだ。

- Ⓢ1 Can you teach me how to translate this sentence?
- Ⓢ2 Sure. / I haven't finished yet.

7.
- (S1) この答え、合ってる？
- (S1) Is this answer correct?
- (S2) 合ってるよ。／間違えていると思うよ。
- (S2) It's correct. / I don't think it's correct.

8.
- (S1) 今日の話どうだった？
- (S1) How was today's story?
- (S2) 理解できなかったよ。／おもしろかったよ。
- (S2) I couldn't figure it out. / It was interesting.

9.
- (S1) どうして？
- (S1) Why?
- (S2) 文が難しすぎたよ。／登場人物が魅力的だったからだよ。
- (S2) The sentences were too difficult. / Because the characters were fascinating.

10.
- (S1) 作者の意見に賛成？　それとも反対？
- (S1) Are you for or against the author's opinion?
- (S2) 賛成だよ。／反対だよ。
- (S2) I'm for it. / I'm against it.

> ### まとめ
>
> 　「対話型」の英語の授業は、これまでの「教師主導の授業」から、さまざまな生徒によって、授業の進む方向性、学習の状況、役割関係が変わっていく「変容性を特色とする授業」である。このような授業に参加することで、生徒たちは関わり合い、つながりを持ち、さらに、次の発話を行おうとする動機が高められる。

COLUMN アウトプットの重要性

　さて、インプットだけで本当に英語が身につくのでしょうか。電車の中などで、英語を聞きながら勉強している人をよく見かけます。皆さんにも経験があるかもしれません。このように英語を聞くチャンスを作ることは大切ですが、多くの場合、聞いただけでは意外と頭に残らないものです。この勉強方法の効果をもっと挙げる工夫は何かあるでしょうか。

　それは、聞いたことを、自分の英語で話したり書いたりしてみることなのです。このようにインプットで得たことをアウトプットとして出すことの効果は、第二言語習得研究でも証明されています。

　Swain（1998）は、特に教室で外国語を学習する場合、聞き手に理解してもらえる言語（comprehensible output 理解可能なアウトプット）の産出が、習得を促進すると述べています。①自分の英語と母語話者の英語に違いがあることに気付き、よりそれに関連したインプットに注意するようになる、②相手に通じれば、自分の英語が正しかったことが検証できる、③英語を自らが使おうとすることで、より英語の構造に注意が向けられる、などがその原因です。これらはすべて、学習者の英語についての意識を高め、noticing（気づき）をもたらすことにつながると考えられています。

　それでは、どうすれば授業中に、生徒がアウトプットをしなければならない環境、つまり生徒からpushed output（強制されたアウトプット）を引き出す環境が作れるでしょうか。その一つは活動に工夫を加えることです。

　はじめに、簡単な英語のCDを聞いて、ペアの相手にその内容を伝える活動を検討してみましょう。聞いたことを自分の英語で伝える役割の生徒からは、ある程度のpushed outputを引き出せます。しかし、相手はその話を全く聞いていないのですから、適当に端折って伝えてしまう可能性もあります。では、①ペアのAさんが簡単な英語のCDの前半を聞き、その内容を短いパラグラフに書き留めてBさんに話す、②Bさんが後半を聞き、同様に内容をAさんに伝える、③二人で相談して内容をまとめる、という活動にしてみてはどうでしょう。Aさん、Bさん、それぞれからのアウトプットが必須であり、それも、できるだけ正確な情報が要求されます。活動の始めに二人の情報にギャップがあることに加えて、共同作業で内容をまとめるためにはpushed outputが要求されることが、この活動の鍵となっているのです。

Swain, M. 1998. *Focus on form through metalinguistic reflection. In C. Doughty and J. Williams (eds.) Focus on form in classroom second language acquisition.* CUP.

COLUMN　インタラクションの活用

　インタラクションとは、話し手や聞き手が互いに言語をやりとりすることによって、伝えたい情報や意図を理解することを指します。つまり、インプット＋アウトプット＋αのコミュニケーションがインタラクションです。教室外のコミュニケーションでは、インプット、あるいは、アウトプットだけよりは、インタラクションが行われる場面の方がはるかに多く見られます。

　学習者と、母語話者やその学習者より高いレベルの会話力をもつ学習者との会話をつぶさに観察して、インタラクションの中でも特に、何らかの原因でコミュニケーションが上手くいかない場合に起こる、語句や表現の修正に注目したのが、Long (1987) です。Longはこれを、negotiation of meaning（意味の交渉）と呼び、第2言語（外国語）学習に重要な役割を果たしていると述べています。具体的に、どのようなnegotiationが行われるのでしょうか。代表的なものを挙げてみましょう。

　①comprehension check（理解度チェック）：話し手が、自分の言ったことを相手が理解しているかを確認するための発話（例Do you understand?）、②confirmation check（確認チェック）：聞き手が、相手の言ったことを自分が正しく理解しているかを確認するための発話（例Are you saying that you have lost your key?）、③clarification check（明確化チェック）：相手の言ったことを理解するため、さらに情報を求めるための発話（例What do you mean?）、④self-/other-repetition（話し手/聞き手による反復）：話し手や聞き手が、すでに言ったことを確認のために繰り返す発話（例We went to see a movie last Sunday, on Sunday.）、などです。

　このようなnegotiationが英語の授業で行われるためには、同レベルの学習者間だけではなく、教師と生徒や、違うレベルの英語力を持つ生徒同士の組み合わせで活動を行うことが必要です。そうすれば、生徒は、自分の英語レベルに合ったcomprehensible inputを得ることが可能になり、合わせて、よりレベルの高い英語力をもつ生徒（や教師）からは、comprehensible outputを引き出すチャンスを得ることになります。さらに、日本のように外国語として英語を学ぶ場合には、meaning（英語の意味）に関する交渉ばかりでなく、form（英語の構造）についての交渉がコミュニケーションの中で起こることも観察され、高い効果があることが検証されています。

Long, M. H. 1987. Native speaker/non-native speaker conversation in the second language classroom. In M. H. Long and J. C. Richards (eds.) *Methodology in TESOL: A book of readings.* Newbury House.

第3章

授業例
Model Lesson

　第1章（重要表現）と第2章（対話例）を活用した「授業例」です。目標と内容ごとに、7つの技能（リスニング・リーディング・ライティング・スピーキング・スピーチ・ディスカッション・ディベート）ごとに授業例を示しています。

UNIT 1
リスニングのための授業例 (想定時間：約10分)
Model Lesson for Listening (Estimated Time: 10 minutes)

▶「リスニングに焦点を当てた授業」の例です。先生による教科書本文の内容についてのオーラル・イントロダクションを、生徒が主体的に聞き取り、他の生徒に伝えて確認し、発表します。リスニングを、より能動的かつコミュニカティブな活動にすることを目指します。

展開　Layout	学習活動　Learning Activity
教師による学習内容の指示	**T** Before we go into the new lesson, I'd like to do an oral introduction. First, listen carefully to what I say. Are you ready?
教師はオーラル・イントロダクションをし、生徒はそれを書き取る	(Teacher begins to make an oral introduction about the story.) "Our Earth is changing every day. It is very sad that the Earth is changing for the worse. Because of this, nature is disappearing from the Earth. If we can't stop this tendency, many species of plants and animals will become extinct in the future." **T** I'd like to introduce the story again. Take notes this time. (Teacher begins to introduce the story again.)
書き取った英語をペアで読み合わせをする	**T** Find a partner and read what you've written to each other in pairs. Be sure to check your English. You have 5 minutes. (After 5 minutes)
ペアで書き取った英語を発表する	**T** Now present what you wrote in pairs. Any volunteers? (Satoshi and Yutaka raise their hands.) **T** Thank you, Satoshi and Yutaka. Go ahead. (Satoshi and Yutaka present very well.)

		T Excellent! But there were a few mistakes. Listen to the other presentations carefully.
いくつかのペアによる発表後、教師がもう一度すべての文を読み、ペアで英語を確認する		(After some other presentations)
		T I'll read the whole passage one more time. Check your English. After that read to each other in pairs.
		T 新しい課を勉強する前に、オーラル・イントロダクションをします。まず、私の言うことをよく聞いてください。準備はいいですか？
		(先生は、その話についてオーラル・イントロダクションを始める)
		「私たちの地球は毎日変化しています。地球が悪いほうに変化しているのはとても悲しいです。このために、自然は地球から消えようとしています。もしこの傾向を止められないと、植物や動物の多くの種が将来絶滅するでしょう」
		T もう一度、その話を紹介します。今度は書き取ってください。
		(先生は、もう一度その話を紹介し始める)
		T 相手を見つけてペアで互いに書き取ったことを読みあってください。必ず英語をチェックしてください。時間は5分です。
		(5分後)
		T さあ書いたものをペアで発表してください。誰かやってくれる人は？
		(サトシとユタカが手を挙げる)
		T ありがとう、サトシとユタカ。お願いします。
		(サトシとユタカがとても上手に発表する)
		T すばらしい！ けれどいくつか間違いがありました。他の発表を注意深く聞いてください。
		(いくつかの他の発表の後)
		T もう一度すべての文章を読みます。英語をチェックしてください。その後ペアでお互いに読んでください。

UNIT 2
リーディングのための授業例 (想定時間：約15分)
Model Lesson for Reading (Estimated Time: 15 minutes)

▶「リーディングに焦点を当てた授業」の例です。重要語句の読みや意味を先生が聞き、その後、本文の内容についての質問をペアで考え、答えるという展開を想定しています。

展開　Layout	学習活動　Learning Activity
教師が学習内容を指示する	**T** Now, let's go on to the reading activity. Open your textbook to page 15. First of all, let's check and read the new words and phrases. Nao, do you have a question?
教師が、生徒に語句や文の読みとその意味を聞いていく	(Teacher asks students about words, phrases, and sentences.) **S** How do you say "environment" in Japanese? **T** Mari, do you know how to say it? **S** Yes, you say "kankyou". **T** That's right. Any other questions? Takashi, how about you? **S** What does the first sentence mean? **T** That's a good question. Let's check the structure and meaning together. (After some questions and answers)
教師が本文の内容について、生徒が自主的に考える質問をする	**T** Mari, what do you think this story is about? **S** I think that it's about our environment. **T** Excellent! That's correct! Talk about the environment in pairs for a few minutes. (After a few minutes) **T** Yoshio, what do you think about our environment?

⑤ I think that our environment is being destroyed little by little.

T OK. How about Yuriko?

⑤ I think that we are damaging our beautiful nature.

T I think so, too. Now I'll give you some true or false statements. I'll write them on the blackboard. Think about them with your partner as you read silently.

|黒板に質問を書く|

No. 1: It is difficult to say whether the Earth is changing for the worse or not.
No. 2: According to the author, global warming is the only cause of the destruction of the Earth.
No. 3: The author says that many species of plants and animals will become extinct in the future.
No. 4: Cooperation is very important to stop the destruction of the Earth.
No. 5: The opinions of developing countries are different from those of developed countries.

(After a few minutes)

|質問の答えを確認する|

T Let's check the answers. Sayuri, choose the true statements.

⑤ I think No. 1, No. 3, and No. 5 are true.

T Thank you, Sayuri. But there is one mistake. Daisuke, what do you think?

⑤ I think No.1 is false.

|読みの練習をする|

T That's correct! Next, let's practice reading together. First, repeat after me. Next, practice reading by yourself. After that, practice reading in pairs. Finally, let's read one sentence at a time without looking at the text.

T それでは、リーディング活動に移りましょう。教科書の15ページを開けてください。最初に新しい語句をチェックして読んでみましょう。ナオ、質問はありますか？

(先生は単語や句、文について聞く)

S「environment」は日本語ではどういう意味ですか？

T マリ、それをどう言うか知っていますか？

S はい、「環境」と言います。

T そのとおりです。何か他に質問はありませんか？ タカシ、あなたはどうですか？

S 最初の文の意味は何ですか？

T それはよい質問です。その構造と意味を一緒にチェックしましょう。

(いくつかの質疑応答の後)

T マリ、この話は何についての話だと思いますか？

S 私たちの環境についてだと思います。

T いいね！ そのとおりです！ 私たちの環境についてペアで数分話してください。

(数分後)

T ヨシオ、私たちの環境についてどう思いますか？

S 私たちの環境は少しずつ破壊されていると思います。

T そうですね。ユリコはどうですか？

S 私たちは美しい自然に害を及ぼしていると思います。

T 私もそう思います。では真偽を問う文を示します。黒板にその文を書きます。黙読してペアの相手と考えてください。

　1番：地球が悪い方向に変化しているかどうかを言うことは難しい。
　2番：著者によると、地球温暖化が地球破壊の唯一の原因である。

3番：著者は多くの動植物の種が将来絶滅すると言っている。
4番：環境の破壊を止めるためには、協力することがとても大切である。
5番：発展途上国の意見と先進国の意見は異なっている。

(数分後)

🅣 答えをチェックしましょう。サユリ、正しい文を選んでください。

🅢 私は1番、3番、5番が正しいと思います。

🅣 ありがとう、サユリ。でも1つ間違いがありますよ。ダイスケ、どう思いますか？

🅢 ぼくは1番が間違っていると思います。

🅣 そのとおりです！　次に一緒に読みの練習をしましょう。最初は私の後についてきてください。次に、1人で読む練習をしてください。その後、ペアで読みの練習をしてください。最後に、教科書を見ないで1文ずつ読む練習をしましょう。

リスニング活動のための座席配置例

リーディング活動のための座席配置例

UNIT 3
ライティングのための授業例 (想定時間：約15分)
Model Lesson for Writing (Estimated Time: 15 minutes)

▶「ライティングに焦点を当てた授業」の例です。教科書の内容に関する質問と答えをペアで書き、それを他の生徒に伝えることを想定しています。この活動によって、「本文の内容を自分自身と関連づけ、互いの考えを作文で伝え合う」という、よりコミュニケーションを重視したライティングの授業が展開できます。

展開　Layout	学習活動　Learning Activity
教師が学習内容を指示する	🅣 Now, let's go on to the writing activity. Get into pairs and write five questions in English using "wh- and how". You have 5 minutes. (After 5 minutes)
ペアごとに本文についての質問文を黒板に書く	🅣 Time is up. Write down your questions on the blackboard. (Some pairs come to the front, and start to write the following questions.) 1) When did the Earth begin to change? 2) Why is the Earth changing for the worse? 3) What should we do to stop the destruction of nature? 4) What area is the most destroyed? 🅣 Thank you for your good questions. Now, I'd like you to write the answers to the questions in pairs. You have 10 minutes. (After 10 minutes)
（ペアごとに答えを黒板に書く）	🅣 Come to the front and write your answers. (Some pairs come to the front and write the following answers.) 1) The earth begin to change twenty years ago. 2) Because we are wasting many thing. 3) We should recycle many things. 4) The South Pole is the most destroyed area.

書いた答えの文をチェックし、間違いを訂正する	**T** Thank you for your answers. Rena, do you think there are any mistakes? **S** Yes, I think there are mistakes in №1 and №2. **T** OK, let's correct them. Masaki, can you correct the mistake in No.1? **S** Yes, I think "begin" should be "began". **T** That's correct! (After correcting all the mistakes)
次の授業の指示をする	**T** For the next class I'd like you to present the questions and answers in pairs. Make dialogues using your questions and answers and memorize them by next class.

T それでは、ライティング活動に移ります。ペアになって「wh-とhow」を使った質問を5つ英語で書いてください。時間は5分です。

(5分後)

T 時間です。質問を黒板に書いてください。

(いくつかのペアが前に来て、次の質問を書く)

　1）いつ地球は変わり始めましたか？
　2）なぜ地球は悪い方に変化しているのですか？
　3）自然破壊を止めるために何をすべきですか？
　4）もっともひどく破壊されている地域はどこですか？

T いい質問をしてくれてありがとう。では、ペアでその質問の答えを書いてもらいたいと思います。時間は10分です。

(10分後)

T 前に来て答えを書いてください。

(いくつかのペアが前に来て次の答えを書き始める)

　1）地球は20年前に変化し始めました。
　2）多くのものを浪費しているからです。
　3）多くのものをリサイクルするべきです。
　4）南極がもっともひどく破壊されている地域です。

| T いい答えをしてくれてありがとう。レナ、何か間違いがあると思いますか？

S はい、1番と2番に間違いがあると思います。

T すばらしい！ それらを訂正しましょう。マサキ、1番の間違いを訂正してくれますか？

S はい、「begin」は「began」になると思います。

T そのとおり！

（すべての間違いの訂正の後）

T 次の授業では、ペアで質疑応答を発表してほしいと思います。質疑応答を使ったダイアローグを作って、次の授業までに覚えてきてください。

ライティング活動のための座席配置例

スピーキング活動のための座席配置例

UNIT 4
スピーキングのための授業例 (想定時間：約15分)
Model Lesson for Speaking (Estimated Time: 15 minutes)

▶「スピーキングに焦点を当てた授業」の例です。教科書本文の内容について、ペアで考えた質疑応答をもとに生徒がダイアローグを作り、発表するという展開です。「自分の考えをより自然な流れの中で伝える」という、コミュニカティブなスピーキング重視の授業が生まれます。

展開　Layout	学習活動　Learning Activity
学習内容を指示する	■ Today we'll do the speaking activity. First of all, practice your dialogues in pairs. I'll give you 5 minutes. (After 5 minutes)
ペアでダイアローグを発表する	■ Raise your hand if you can present your dialogues. (Kaoru and Tomoe raise their hands.) ■ Thank you, Kaoru and Tomoe. Go ahead. ⑤① I'm very sad that the earth is changing for the worse. Tomoe, when did the earth begin to change? ⑤② I think it began to change twenty years ago. Kaoru, what should we do to stop the destruction of nature? ⑤① We should recycle many things. ■ Thank you very much. I'm impressed with your presentation. Who's next? (After some presentations)
ペアを変えて新しいダイアローグを発表する	■ Next let's change partners to make new dialogues. This time I want you to add "What do you think about the author's opinion?" I'll give you 10 minutes. (After 10 minutes)

		🔳 Time is up. Any volunteers?
		(Daichi and Takashi raise their hands.)
		🔳 Thank you, Daichi and Takashi. Go ahead.
		ⓈTakashi, why is the earth changing for the worse?
		Ⓢ②Because we are wasting many things.
		Ⓢ①Takashi, where is the most destroyed area on earth?
		Ⓢ②I think the South Pole is the most destroyed area.
		Ⓢ①What do you think about the author's opinion?
		Ⓢ②I agree with it. How about you, Daichi?
		Ⓢ①I also agree with his opinion.
		🔳 Thank you, Daichi and Takashi. Your presentation was fantastic! Who's next?
		(Some pairs present their dialogues.)
	教師が授業の感想と次回の予告をする	🔳 Thank you, everyone. Your homework is to read the next lesson. The title is "How Japanese Schools and American Schools are Different." Please remember that you're going to make your speeches on the differences between Japanese schools and American schools after the lesson.
		🔳 今日はスピーキング活動をします。最初にペアでダイアローグを練習してください。時間を5分あげます。
		（5分後）
		🔳 ダイアローグを発表できる人は手を挙げてください。
		（カオルとトモエが手を挙げる）
		🔳 カオルとトモエ、ありがとう。どうぞお願いします。
		Ⓢ①地球が悪いほうに変わっているのはとても悲しいです。トモエ、いつ地球は変化し始めたの？

Ⓢ2 20年前に変化し始めたと思うわ。カオル、自然破壊を止めるには何をすべきかしら？

Ⓢ1 多くのものをリサイクルすべきね。

Ⓣ どうもありがとう。君たちの発表には感心しました。次は誰かな？

(いくつかの発表の後)

Ⓣ 次にパートナーを変えて新しいダイアローグを作ってみましょう。今度は「What do you think about the author's opinion?」を加えてほしいと思います。10分時間をあげます。

(10分後)

Ⓣ 時間です。誰かやってくれますか？

(ダイチとタカシが手を挙げる)

Ⓣ ありがとう、ダイチとタカシ。どうぞお願いします。

Ⓢ1 タカシ、なぜ地球は悪いほうに変化しているんだい？

Ⓢ2 多くのものを浪費しているからだよ。

Ⓢ1 タカシ、地球上でもっともひどく破壊されている地域はどこだい？

Ⓢ2 南極がもっともひどく破壊されている地域だと思うよ。

Ⓢ1 著者の意見をどう思う？

Ⓢ2 ぼくは賛成だよ。ダイチはどうだい？

Ⓢ1 ぼくも彼の意見に賛成だよ。

Ⓣ ダイチとタカシ、ありがとう。君たちの発表はすばらしかったです。次は誰かな？

(いくつかのペアがダイアローグを発表する)

Ⓣ みんなありがとう。宿題は次の課を読んでくることです。題は「日本の学校とアメリカの学校はどのように違うか」です。その課の後、日本の学校とアメリカの学校の違いについてスピーチしてもらうので、忘れないようにしてくださいね。

UNIT 5
スピーチのための授業例 (想定時間：約20分)
Model Lesson for Speeches (Estimated Time: 20 minutes)

▶ 「スピーチに焦点を当てた授業」の例です。テーマは"How Japanese schools and American schools are different"（日本の学校とアメリカの学校はどのように違うか）です。生徒たちは、教科書でこのテーマの英文を読んでいることが前提です。スピーチを主眼としていますが、それについて英語で質問をしたり、コメントを言ったりすることも含まれています。

展開　Layout	学習活動　Learning Activity
授業の目標を提示する	**T** Today we're going to hear speeches on how Japanese schools and American schools are different based on Lesson 5. We have already decided the order of presentations. I think the first speaker is Hitomi. Hitomi, are you ready? **S** Yes, I am.
スピーチの後、質問・コメント・評価を書くことを確認する	**T** So let's listen to Hitomi's speech. Everyone, remember to write your questions, comments, and evaluation on your evaluation sheet. Evaluate the speeches by the content, and the presenter's delivery.
スピーチの発表が始まる	(Hitomi comes to the front and starts to make a speech.) **S** Good morning, everyone. Today I would like to talk about how Japanese schools and American schools are different. First, in Japan, almost all students must take English classes for at least 3 years. In America, many students must take a foreign language for only two years and can choose the language they want to learn. American schools offer Spanish, French, Russian, German, and Japanese. Second, unlike students in Japan, those in America walk to their next class. Each class is taught in a different room and only the teacher stays in the same room.

Third, students walk or ride their bikes to school in Japan, while students in America take the school bus to school.

Finally, another difference between the two school systems is that summer vacation in Japan is 5 weeks, while summer vacation in America lasts for almost 3 months.

Thank you for listening.

T Thank you, Hitomi. That was an excellent speech. Everyone, write your questions, comments, and evaluation.

(After 2 minutes)

スピーチ終了後、質問・コメント・評価を書き、発表する

T Now, I want you to present your question or comment to Hitomi. Kana, how about you?

S I think her speech was very good. I have a question. Which do you like better, Japanese schools or American schools?

スピーチ発表者は質問に答える

T That's a good question, but somewhat difficult question to answer. Hitomi, can you answer her question?

S I like American schools better than Japanese schools.

T Why?

S Because there is more freedom in American schools.

T Kana, do you understand?

S Yes, I do. Thank you, Hitomi.

T Hitomi and Kana, thank you very much. Who's next?

(Students present their own speech.)

スピーチ終了後、質問・コメント・評価を書き、提出する

T Everyone, thank you very much. I learned many things from your speeches. Finally, please finish writing your questions, comments, and evaluations. I'd like you to hand them in at the end of this class.

T 今日は第5課に基づいて、日本の学校とアメリカの学校がどのように違うかということについてスピーチを聞きます。もうすでに発表の順番を決めてありますね。最初の発表者はヒトミだと思います。ヒトミ、準備はいいですか？

S はい、大丈夫です。

T ではヒトミのスピーチを聞きましょう。みんな、評価用紙に質問・コメント・評価を書くことを忘れないように。内容と発表者の話し方で、スピーチを評価してください。

（ヒトミが前に来て、スピーチを始める）

S みなさん、おはようございます。今日は日本の学校がどのようにアメリカの学校と違うかについて、みなさんにお話したいと思います。

最初に、日本では、ほとんどすべての生徒は少なくとも3年間英語の授業を受けなければなりません。アメリカでは、多くの生徒は2年間だけ外国語を取るだけでよく、学びたい言語を選ぶことができます。アメリカの学校にはスペイン語や、フランス語、ロシア語、ドイツ語、そして日本語があります。

第2に、日本の生徒と違って、アメリカの生徒は次の授業に歩いて移動します。各授業が違う教室で教えられ、先生だけが同じ部屋にいるのです。

第3に、日本では生徒は歩いたり、自転車に乗ったりして学校に来ますが、アメリカの学生はスクールバスに乗って学校に来ます。

最後に、2つの学校制度のもう1つの違いは、日本では夏休みが5週間なのに対して、アメリカではほぼ3か月続くというところです。

ご清聴ありがとうございました。

T ヒトミ、ありがとう。とてもすばらしい発表でした。みなさん、質問・コメント・評価を書いてください。

（2分後）

T では、質問やコメントをヒトミにしてもらいたいと思います。カナ、どうですか？

	Ⓢ 彼女のスピーチはとてもよかったと思います。1つ質問があります。日本の学校とアメリカの学校ではどちらのほうが好きですか？
	🆃 それはいい質問ですが、ちょっと答えるのが難しいですね。ヒトミ、答えられますか？
	Ⓢ 私はアメリカの学校のほうが日本の学校よりも好きです。
	🆃 なぜ？
	Ⓢ アメリカの学校のほうが自由があるからです。
	🆃 カナ、いいですか？
	Ⓢ はい。ヒトミ、ありがとう。
	🆃 ヒトミとカナ、どうもありがとう。次は誰ですか？
	（生徒は自分のスピーチを発表する）
	🆃 みんな、どうもありがとう。みんなのスピーチからたくさんのことがわかりました。最後に質問・コメント・評価を書いてください。この授業の最後に提出してください。

スピーチ活動のための座席配置例

UNIT 6
ディスカッションのための授業例 (想定時間：約20分)
Model Lesson for Discussions (Estimated Time: 20 minutes)

▶「ディスカッションに焦点を当てた授業」の例です。スピーチ同様、テーマは"How Japanese schools and American schools are different"で、スピーチの後どのようにディスカッションに発展させていったらよいかの一例を提案しています。

展開　Layout	学習活動　Learning Activity
ディスカッションのテーマを提示し、意見を聞く	**T** Today, we will continue with our last topic. This time let's have a discussion. Does anyone have comments? What is your opinion of the differences between Japanese schools and American schools, Kaito? **S** In my opinion, both schools have good points and bad points. I think it would be best to compare those points.
コメントをし、他の生徒の意見を聞く	**T** That is a great suggestion! Kana, what do you think about them? **S** From my point of view, American schools are freer than Japanese schools.
例示を求める	**T** Would you give us an example? **S** Yes, they can choose their favorite foreign language class.
質問やコメントを求める	**T** Very good. Are there any questions or comments? How about Chihiro? **S** Personally, I would also prefer choosing may favorite foreign language class.
賛否の意見を求める	**T** Thank you. Do you want to say something, Noriko? **S** I agree with Chihiro.

	T OK. Go ahead, Nana.
	S It seems to me that there are some advantages in Japanese schools.
賛否の理由を聞く	**T** Could you elaborate on that?
	S Yes, I'd like to mention two advantages. One advantage is that students can get the same education. The other advantage is that students can study more.
	T You've raised some excellent points. Could you give us an example?
	S Yes, Japanese students can take more classes because they have shorter summer vacations.
異なる意見を求める	**T** Thank you, Nana. Does anyone have a different opinion? How about you, Haruka?
	S Nana may be right, but I see it a little differently. I believe free time is very important for students.
	T Thank you, Haruka. Why do you think so?
	S Because we can develop our thinking ability in our free time.
授業の感想を言う	**T** I see. That's all for today. I'm very impressed with your opinions.

T 今日は、前のトピックを続けます。今回はディスカッションをしましょう。誰か意見はありませんか？　カイト、日本の学校とアメリカの学校の違いについてのあなたの考えはどうですか？

S ぼくの考えでは、両方の学校にもよい点と悪い点があります。それらの点を比較するのが一番いいと思います。

T それはいい提案です！　カナ、あなたはどう思いますか？

S 私の考えでは、アメリカの学校は日本の学校より自由です。

T 例を挙げてくれますか？

S はい、好きな外国語の授業を選べます。

T そのとおりです。何か質問やコメントはありますか？ チヒロはどうですか？

S 個人的には、好きな外国語の授業を選べるほうがいいです。

T ありがとう。ノリコ、何か言いたいことはありますか？

S 私はチヒロに賛成です。

T わかりました。ナナ、どうぞ。

S 日本の学校にも優れた点があるように思えます。

T それについて詳しく述べてもらえますか？

S はい、私は2つの優れた点を挙げたいと思います。1つ目の優れた点は、生徒が同じ教育を受けられるということです。もう1つの優れた点は、生徒がより勉強をするということです。

T すばらしい点を挙げてくれましたね。例を出してくれませんか？

S はい、日本の生徒は夏休みが短いので、より多くの授業を受けることができます。

T ありがとう、ナナ。誰か違った意見はありますか？ ハルカ、あなたはどうですか？

S ナナは正しいかもしれませんが、私はちょっと違う考えです。私は、自由な時間は生徒にとってとても大切だと思います。

T ありがとう、ハルカ。なぜそう思うのですか？

S 自由な時間に考える力を伸ばせるからです。

T なるほど。今日はこれでおしまいです。みんなの意見にとても感動しました。

UNIT 7
ディベートのための授業例 (想定時間：約20分)
Model Lesson for Debating (Estimated Time: 20 minutes)

▶「ディベートに焦点を当てた授業」の例です。テーマは "School uniforms are necessary"（制服は必要である）で、身近なテーマについてなるべくわかりやすい英語で、どのようにディベートを進めるかの一例を提案しています。

展開　Layout	学習活動　Learning Activity
ディベートのテーマ、発表グループ、そして司会者を提示する	**T** Today we're going to have a debate on "School uniforms are necessary". The first debate will be between Group A and Group B. Group A is the affirmative side, and Group B is the negative side. I will be the moderator.
賛成側の意見を聞く	**T** Today we're going to talk about school uniforms. First, we will hear a speech supporting school uniforms. 〈GroupA〉I think school uniforms are necessary because they are economical and show school spirit.
反対側の意見を聞く	**T** Thank you. Next we will hear from the opposition. 〈GroupB〉You may be right, but we can't feel free in school uniforms.
賛成側と反対側からそれぞれの反論を聞く	**T** OK. Next we will hear the rebuttal beginning with the supporting side. 〈GroupA〉You said that we can't feel free in school uniforms, but economic reasons are more important. 〈GroupB〉I see your point, but students should think about their clothes.

コメントを言い、反対側と賛成側からそれぞれまとめの意見を聞く	**T** Thank you. The arguments from both sides were strong and well made. Finally let's finish with the summary speech beginning with the opposing side.
	GroupB I think students should be free and creative. Therefore, uniforms are not necessary.
	GroupA I disagree. You think creativity is important, don't you? I don't agree. Students should show school spirit and study. In summary I think uniforms are necessary.
まとめをし、勝者を決める	**T** I'd like to thank both sides for a great debate. We will now have a five-minute break while the judges decide on the winner.

T 今日は「制服は必要である」についてディベートをしたいと思います。最初のディベートは、グループAとグループBです。グループAは賛成側で、グループBは反対側です。私が司会をします。

T 今日は制服について話し合います。最初に、制服を指示するスピーチを聞きましょう。

GroupA 私は制服は経済的で、学校の精神を表しているので必要だと思います。

T ありがとうございました。次は反対側から聞いてみます。

GroupB あなたは正しいかもしれませんが、制服を着ると自由を感じられません。

T そうですね。次に賛成側から反論を聞いてみましょう。

GroupA 制服を着ると自由を感じられないとおっしゃいましたが、経済的な理由はもっと大切です。

GroupB あなたの言おうとしていることはわかりますが、生徒は自分の服装について考えるべきです。

T ありがとうございました。両者とも議論は説得力があってよくできていました。最後に、反対側からまとめのスピーチを聞きましょう。

> GroupB 私は、生徒は自由で独創的であるべきだと思います。したがって、制服は必要ありません。
>
> GroupA 私は反対です。あなたは独創力が大切だと思っているのですね。私は賛成ではありません。生徒は学校の精神を示し、勉強をすべきです。まとめると、私は制服は必要だと思います。
>
> T すばらしいディベートのお礼を両者に言いたいと思います。では審判が勝者を決める間、5分間休憩をとりましょう。

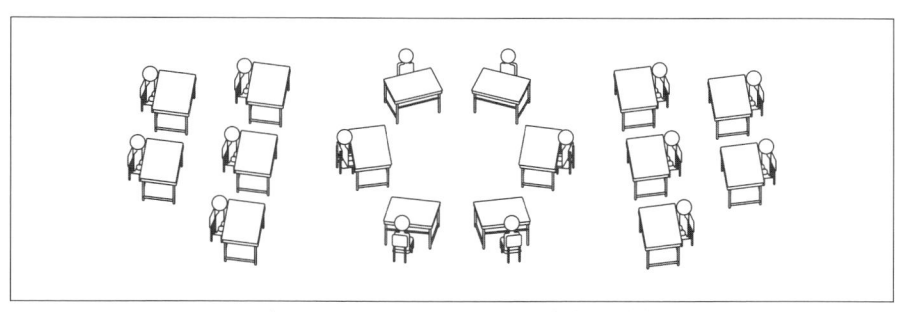

ディスカッション活動のための座席配置例

ディベート活動のための座席配置例

COLUMN　社会言語能力と英語指導

　さまざまな考え方がありますが、スムーズなコミュニケーションのためには、少なくとも次の4つの能力が必要だといわれています。

　①音声、語彙、語形、構文を理解し、これらを正確に使用するgrammatical competence（文法能力）、②言語が使用される状況を理解し、場面や機能に応じて適切に表現するsiciolinguistic competence（社会言語能力）、③文の単位を超えた一貫性と結束性のある一連の文や発話を生産したり、理解したりするdiscourse competence（談話能力）、そして、④繰り返し、言い換え、明確化、推測など、自分の知識の限界を上手く切り抜ける方策を使えるstrategic competence（方略的能力）です。

　教室での指導が一番苦手としているのは、実は、社会言語能力です。教室の中だけで見られる教師と生徒の特殊なインタラクションが中心となってしまい、さまざまな場面を設定し、豊富な言語の機能を引き出すのが難しいからです。「教師の質問」（What time is it now?）－「生徒の答え」（It's 10 o'clock.）－「教師の確認」（Good. It's 10 o'clock.）は、教室での教師と生徒のやり取りの典型ですが、教室外では「答え」の後は「感謝のことば」（Thanks.）が続くのが普通でしょう。学習指導要領にも明記されているように、いかに教師が豊富な言語の使用場面や機能を教室に持ち込むかが、生徒たちの英語学習を成功させる鍵になっていることがわかります。

　さて、社会言語能力があれば、真冬に窓の開いている部屋に上司が入ってきて、"Are the windows open?"と言われれば、"Yes, they are."と澄まして答えるのではなく、早速、窓を閉めます。また、英語は直接的だと誤解している人がいますが、間接的な表現法が豊富です。金子（2004）は、コーパスを利用して日本人英語学習者の要求の発話について調査しました。母語話者が間接的に要求する（例We don't want any crowding. I'd like to ask you to move your car.）のに対して、学習者は英語レベルが低いほどより直接的（例Move your car.）で、また、母語話者が仮定法などさまざまな構文（例I'd be really grateful if you could do something about this.）を駆使して要求する一方、学習者は疑問文や"please"の使用（例Can you help me?）だけで、意味を和らげたり、強めたりしているのが実態でした。

　教室でのバラエティーに富んだ英語を引き出す活動は、社会言語能力を養い、コミュニケーション能力を高めるためには絶対に不可欠なのです。

金子朝子．2004.「日本人英語学習者の要求の発話の発達」和泉他編著『日本人1200人の英語スピーキングコーパス』独立行政法人情報通信研究機構

COLUMN 英語の運用力を養うために

　運用力とは、単にコミュニケーションができるかどうかを意味するのではなく、どのような目的（謝るため、褒めるためetc.）で、何（内容、状況etc.）について、どのような方法（語彙を並べて、正確なパラグラフでetc.）で、どれだけ正確（発音、文構造etc.）に伝えられるかの程度を言います。

　第二言語習得研究では、高い運用力をつけるためには、declarative knowledge（宣言的知識）と同時に、procedural knowledge（手続き的知識）が重要であると考えられています。例えば、自転車の部品の名称やペダルを踏むとなぜ車輪が回るのかを知っていても、自転車に乗れるわけではありません。実際にペダルを漕いで、上手くカーブを切ったり、段差があってもよろけずに走り続けたりできることが必要です。英語の学習も同じです。単語をたくさん知っていたり、5文型が列挙できたりしても、実際の場面で、どの単語をどの文型で使用するのかを瞬時に判断して使えなければ意味がありません。授業では、まず基礎的なdeclarative knowledgeの蓄積が必要です。課題は、それをどのようにprocedural knowledgeにしていくかです。その方法がわかれば、後は、このサイクルを積み重ねていけばよいだけです。

　Kormos（2006）は、外国語生産を次のように説明しています。英語学習者の場合で考えると、長期記憶の中に、日本語と英語に関する知識が蓄積されていて、まず、①何かを言いたいという概念が湧き（概念化）、②長期記憶から適切な語彙、構文、音声を呼び出し（形成化）、③口や舌の筋肉などを使って発話する（音声化）、そして、④自分の発話を聞いてモニターする（自己モニター）、という手順です。英語で発話しようとすると、母語の場合の手順に加えて、形成化の段階で、長期記憶の中のdeclarative knowledgeから、英語の構造などに関する知識の参照が必要です。ここで情報が速く流れれば、スムースに英語が使えるのです。

　これらの研究は、教室で学習した事項のautomatization（自動化）、つまり、どれだけ情報の流れを自動的に行えるようにするかが、大きな課題であることを示しています。自動化のためには、取りも直さず、生徒たちへのインプット、アウトプット、インタラクションの機会を最大限に増やし、意味を伝え合う目的を持って、英語の形にも気づかせながら、繰り返し英語を使用する環境を作ることです。このような活動を充分に積み重ねることによって、procedural knowledgeが学習者に育まれることを期待して止みません。

Kormos, J. 2006. *Speech Production and Second Language Acquisition.* Lawrence Erlbaum.

第4章

タスク
Task

　第3章で展開した7つの技能をさらに高めていくためのタスクを紹介します。タスクの特色は、次の3つです。
① 現在使っている教科書をもとに、さまざまなレベルの生徒に対応できる。
② 生徒の状況に応じて個人、ペア、グループ活動のいずれの場面でも利用できる。
③ 授業の目的や、進行状況に応じて活用できる。

※ワークシートは、そのままコピーしてお使いいただけます。

タスク1（リスニング活動）
Task 1 (for Listening)

▶教科書のテーマに関する英文のキーセンテンス、要約文を正確に聞き取るためのものです。

タイトル Title	*Let's listen to the conversation and fill in the blanks!*	レベル：標準～発展 所要時間：25分 Level: Intermediate through advanced Time required: 25 mins.
ねらい Objective	教科書に関する英文のキーセンテンスとその要約文を、正確に聞き取る。	
タスク・イメージ Task image	個人とペア・ワーク ①キーセンテンスを聞き取る。 ②本文の要約文を聞き取る。 ③ペアで答えを確認する。 ④確認し終えたペアは発表し、他の生徒はそれを評価する。	
手順 Sequence	①プレ・タスク（5分） 　タスクの目的とその手順を説明する。 ②タスク活動その1（10分） 　キーセンテンスと要約文を聞き取り、〈ワークシート〉に記入する。 ③タスク活動その2（10分） 　ペアで確認し、できたペアは発表する。他の生徒はそれを聞きながら〈エバリュエーション1〉に評価とコメントを記入する。	
評価の観点 Evaluation perspective	タスクの完了 　教科書の内容に関する英文の要点を、正確に聞き取ることができた。 コミュニケーションの継続 ①コミュニケーションをとりながら英文の要点を聞き取れた。 ②聞き取った英文をわかりやすく発表できた。	

ワークシート Work Sheet

Class ( ) No. ( ) Name ( )

キーセンテンス Key Sentence(s)
1
2
3
4
5

要約文 Abridged Sentence(s)

エバリュエーション1（生徒用評価表） Evaluation 1 (Student Evaluation Table)

Pair Name	Evaluation (A, B, C)	Comment

エバリュエーション2（先生用評価表） Evaluation 2 (Teacher Evaluation Table)

Students' Names in Pair A (B,C...)	Evaluation 1 (言語面の評価) (Linguistic Evaluation)	Evaluation 2 (活動面の評価) (Activity Evaluation)	Comment

CHAPTER 4 タスク

タスク2（リーディング活動）
Task 2 (for Reading)

▶教科書のテーマに関する質問をペアで協力して考え、その答えを発表するものです。

タイトル Title	*Let's read a new story!*	レベル：標準〜発展 所要時間：25分 Level: Intermediate through advanced Time required: 25 mins.
ねらい Objective	教科書に関連したテーマの英文を読み、その理解を深める。	
タスク・イメージ Task image	**個人とペア・ワーク** ①教科書の内容に関連したテーマの英文を読む。 　（宿題としてもよい） ②英文の理解を確かめ、深めるための正誤問題と英問英答の問題を解く。 ③ペアで解答を確かめ、発表する。	
手順 Sequence	①**プレ・タスク（5分）** 　タスクの目的とその手順を説明する。 ②**タスク活動その1（10分）** 　〈ワークシート〉に正誤問題と英問英答の解答を記入する。 ③**タスク活動その2（10分）** 　ペアで解答を確認し、発表する。他の生徒はその評価を〈エバリュエーション1〉に記入する。	
評価の観点 Evaluation perspective	**タスクの完了** 　教科書の内容に関連したテーマの英文を、ペアで協力して理解できた。 **コミュニケーションの継続** ①コミュニケーションをとりながら英文理解に努めた。 ②本文に関する答えをペアで協力し、的確に導くことができた。 ③他の人の解答を適切に評価できた。	

ワークシート Work Sheet

Class (　　　) No. (　　　) Name (　　　　　　　　　)

正誤問題の答え　Answers to True or False Questions				
1	2	3	4	5

英問英答の答え　Answers for English Questions
1
2
3
4
5

エバリュエーション1（生徒用評価表） Evaluation 1 (Student Evaluation Table)

Pair Name	Evaluation (A, B, C)	Comment

エバリュエーション2（先生用評価表） Evaluation 2 (Teacher Evaluation Table)

Students' Names in Pair A (B,C...)	Evaluation 1 （言語面の評価） (Linguistic Evaluation)	Evaluation 2 （活動面の評価） (Activity Evaluation)	Comment

CHAPTER 4　タスク

タスク3（ライティング活動）
Task 3 (for Writing)

▶教科書の内容に関連した英文についての意見をペアで協力してまとめ、それを発表するためのものです。

タイトル Title	*Now write your own opinions in English!*	レベル：標準〜発展 所要時間：25分 Level: Intermediate through advanced Time required: 25 mins.
ねらい Objective	教科書に関連した英文について自分の意見を書く。	
タスク・イメージ Task image	**個人とペア・ワーク** ①先生は生徒の意見を聞く質問を提示する。 ②生徒はその質問に答える。 ③ペアでそれぞれの答えを生かした英文を作成する。 ④できたペアはそれを発表する。 ⑤他の生徒はそれを評価する。	
手順 Sequence	①**プレ・タスク**（5分） 　タスクの目的とその手順を説明する。 ②**タスク活動その1**（10分） 　先生の提示した質問に答え〈ワークシート〉に記入する。 ③**タスク活動その2**（10分） 　ペアで協力して1つの英文を仕上げ〈ワークシート〉に記入し、それを発表する。他の生徒はそれを聞きながら〈エバリュエーション1〉に評価とコメントを記入する。	
評価の観点 Evaluation perspective	**タスクの完了** 　教科書の内容に関連した英文についての意見をまとめることができた。 **コミュニケーションの継続** ①コミュニケーションをとりながら、短文を内容のある英文にまとめることができた。 ②できた英文を発表し、他の生徒の英文も適切に評価することができた。	

ワークシート　Work Sheet

Class (　　　) No. (　　　) Name (　　　　　　　　　)

質問の答え　Answers to Questions
英問英答の答え　Answers for English Questions
1　What do you think about the story? 　　→ I think
2　Why do you think so? 　　→Because
3　What's the author's opinion? 　　→His[Her] opinion is that
4　Are you for or against the author's opinion[idea]? 　　→I am for[against] it because
5　If you were the author, what would you do[say]? 　　→I would
6　In conclusion, what do you want to say? 　　→I want to say that
意見をまとめた英文　Opinions Summarized in English

エバリュエーション1（生徒用評価表）　Evaluation 1 (Student Evaluation Table)

Pair Name	Evaluation (A, B, C)	Comment

エバリュエーション２（先生用評価表） Evaluation 2 (Teacher Evaluation Table)

Students' Names in Pair A (B,C...)	Evaluation 1 (言語面の評価) (Linguistic Evaluation)	Evaluation 2 (活動面の評価) (Activity Evaluation)	Comment

タスク4（スピーキング活動）
Task 4 (for Speaking)

▶教科書に関する英文の内容について、ペアで意見を述べ合うことができるためのものです。

タイトル Title	*Let's talk about your opinion of the story!*	レベル：標準～発展 所要時間：25分 Level: Intermediate through advanced Time required: 25 mins.
ねらい Objective	教科書に関連した英文についての意見を自然な会話形式で発表する。	
タスク・イメージ Task image	個人とペア・ワーク ①英文についての自分の考えや気持ちをまとめる。 ②ペアで協力して自然な会話文を作る。 ③できた会話を生徒の前で発表し、他の生徒はそれを評価する。	
手順 Sequence	①**プレ・タスク（5分）** 　タスクの目的、手順そして重要表現を提示する。 ②**タスク活動その1（10分）** 　重要表現を使った会話文をペアで作成し〈ワークシート〉に記入し、暗唱できるまで練習する。 ③**タスク活動その2（10分）** 　準備ができたペアは発表をし、他の生徒はそれを聞きながら〈エバリュエーション1〉に評価とコメントを記入する。	
評価の観点 Evaluation perspective	**タスクの完了** 　教科書の内容について自然な会話体で発表できた。 **コミュニケーションの継続** ①コミュニケーションをとりながら会話文を作成できた。 ②会話文を適切な表情・声量で発表できた。	

ワークシート　Work Sheet

　　　　Class (　　) No. (　　) Name (　　　　　　　　)

Student A: What do you think about _____?
Student B: I think _____.
Student A: Really? Why do you think so?
Student B: Because _____. How about you?
Student A: I think _____.
Student B: I see. How do you feel about _____?
Student A: I feel _____.
Student B: Wow! Why do you feel that way?
Student A: I feel that way because _____.
Student B: That's very interesting!

エバリュエーション1（生徒用評価表）　Evaluation 1 (Student Evaluation Table)

Pair Name	Evaluation (A, B, C)	Comment

エバリュエーション2（先生用評価表） Evaluation 2 (Teacher Evaluation Table)

Students' Names in Pair A (B,C...)	Evaluation 1 （言語面の評価） (Linguistic Evaluation)	Evaluation 2 （活動面の評価） (Activity Evaluation)	Comment

タスク5（スピーチ活動）
Task 5 (for Speech)

▶ スピーチのための原稿を作成するためのものです。ペアでスピーチの形態と重要表現を用い、スピーチを作ります。

タイトル Title	*Now make your own original speech!*	レベル：標準〜発展 所要時間：25分 Level: Intermediate through advanced Time required: 25 mins.
ねらい Objective	教科書に関連した英文についてのスピーチの原稿を作り、発表する。	
タスク・イメージ Task image	**個人とペア・ワーク** ①宿題として、スピーチの形態と重要表現（p.32）を参考にし、自分の考えや気持ちをまとめスピーチの原稿を作る。 ②ペアで協力してよりよいスピーチを作り、練習する。 ③できたスピーチを生徒の前で発表し、他の生徒はそれを評価する。	
手順 Sequence	①**プレ・タスク**（5分） 　タスクの目的、手順を説明する。 ②**タスク活動その1**（10分） 　ペアで作ってきたスピーチを発表し合い、よりよいものに仕上げていく。そして改良したスピーチを〈ワークシート〉に記入し、練習する。 ③**タスク活動その2**（10分） 　準備ができたペアは発表し、他の生徒はそれを聞きながら〈エバリュエーション1〉に評価とコメントを記入する。	
評価の観点 Evaluation perspective	**タスクの完了** 　スピーチの形態と重要表現を使って、スピーチの原稿を作成し、発表することができた。 **コミュニケーションの継続** ①ペアでコミュニケーションをとりながらスピーチの原稿を作成できた。 ②スピーチを適切な表情・声量で発表できた。 ③他の人のスピーチをよく聞き、適切に評価できた。	

ワークシート Work Sheet（宿題および発表用　Homework and Presentations）
　　　　　　Class (　　) No. (　　) Name (　　　　　　　　　　)

Sample Draft

Topic: "Is English necessary for Japanese people?"

　Good morning, everyone. Today I'd like to talk about "Is English necessary for Japanese people?" .
　I think English is necessary for Japanese people. I believe this for three reasons.
　First, we can communicate with many people in English.
　In addition, we can know about many different cultures through English. For example, information on the Internet is written mainly in English.
　Finally, it is true that we don't use English much in Japan, but English can broaden our knowledge.
　In conclusion, English is necessary for Japanese people.
　Thank you for listening.

Good morning, everyone.

Today I'd like to talk about _____.

I think _____.

I believe this for three reasons.

First, _____.

In addition, _____.

For example, _____.

Finally, it is true that _____, but _____.

In conclusion, _____.

Thank you for listening.

エバリュエーション1（生徒用評価表） Evaluation 1 (Student Evaluation Table)

Pair Name	Evaluation (A, B, C)	Comment

エバリュエーション2（先生用評価表） Evaluation 2 (Teacher Evaluation Table)

Students' Names in Pair A (B,C...)	Evaluation 1 (言語面の評価) (Linguistic Evaluation)	Evaluation 2 (活動面の評価) (Activity Evaluation)	Comment

タスク6（ディスカッション活動）
Task 6 (for Discussion)

▶ディスカッションの準備となるものです。「ディスカッションのための重要表現」と「対話例」を参考にして、グループで協力しながら原稿を作成し、発表することを目指しています。

タイトル Title	*Let's have a discussion about the story!*	レベル：標準〜発展 所要時間：25分 Level: Intermediate through advanced Time required: 25 mins.
ねらい Objective	教科書に関連した英文についてディスカッションをするための原稿を作り、それを発表できるようになることを目指す。	
タスク・イメージ Task image	個人とペア・ワーク ①宿題として、ディスカッションのための重要表現（pp.33-34）や授業例（pp.92-94）を参考にし、ディスカッションの原稿を書いてくる。 ②グループで協力してディスカッションの原稿を完成させる。 ③グループごとに発表し、他の生徒はそれを評価する。	
手順 Sequence	①プレ・タスク（5分） 　タスクの目的、手順を説明する。 ②タスク活動その1（10分） 　グループで協力してよりよい原稿を仕上げ〈ワークシート〉に記入し、役割分担して練習する。 ③タスク活動その2（10分） 　準備ができたグループは発表し、他の生徒はそれを聞きながら〈エバリュエーション1〉に評価とコメントを記入する。	
評価の観点 Evaluation perspective	タスクの完了 　教科書の内容についてディスカッションするための原稿を作成し、発表することができた。 コミュニケーションの継続 ①グループでコミュニケーションをとりながらディスカッションを発表することができた。 ②他のグループのディスカッションを真剣に聞き、適切に評価することができた。	

ワークシート Work Sheet（宿題および発表用　Homework and Presentations）
　　　　　　　Class（　　）No.（　　）Name（　　　　　　　　　　）

Sample Draft

> **T** Good afternoon, everyone. Today, I'd like to have a discussion about "Is English necessary for Japanese people?" What do you think, Daisuke?
> **S** I think that English is necessary for Japanese people.
> **T** I see. Why do you think so, Daisuke?
> **S** Because English is used all over the world.
> **T** Good point. What's your opinion on that, Kaoru?
> **S** Daisuke has a good point, but I think that English isn't so necessary for us.
> **T** Why?
> **S** Because we can live without English.
> **T** Any thoughts on that? Mika, how do you feel about Daisuke's idea?
> **S** I agree with him.
> **T** How about Takashi?
> **S** I see what he means, but I think both English and Japanese are necessary.
> **T** I agree with you. We are going to have a debate on this theme in the next class. That's all for today. See you next class.

> **T** Good afternoon, everyone. Today, I'd like to have a discussion about "_____." What do you think, A?
>
> **S** I think that _____.
>
> **T** I see. Why do you think so, A?
>
> **S** Because _____.
>
> **T** Good point. What's your opinion on that, B?
>
> **S** B has a good point, but I think that _____.
>
> **T** Why?
>
> **S** Because _____.
>
> **T** Any thoughts on that? C, how do you feel about A's idea?
>
> **S** I agree with him[her].
>
> **T** How about D?
>
> **S** I see what he[she] mean, but I think _____.
>
> **T** I agree with you. We are going to have a debate on this theme. That's all for today.
>   See you next class.

エバリュエーション1（生徒用評価表） Evaluation 1 (Student Evaluation Table)

Group Name	Evaluation (A, B, C)	Comment

エバリュエーション2（先生用評価表） Evaluation 2 (Teacher Evaluation Table)

Students' Names in Group A (B,C...)	Evaluation 1 （言語面の評価） (Linguistic Evaluation)	Evaluation 2 （活動面の評価） (Activity Evaluation)	Comment

タスク7（ディベート活動）
Task 7 (for Debate)

▶ディベートの準備のためのものです。グループで協力して、「ディベートに必要な重要表現」と「対話例」を参考にして原稿を作成し、発表できることを目指しています。

タイトル Title	*Let's have a debate about the story!*	レベル：標準～発展 所要時間：25分 Level: Intermediate through advanced Time required: 25 mins.
ねらい Objective	教科書に関連した英文についてのディベートをするための原稿を作成し、それをできるだけ自然に発表できるようにする。	
タスク・イメージ Task image	個人とペア・ワーク ①宿題として、ディベートのための重要表現（pp.35-36）とその授業例（pp.95-97）を参考にし、原稿を作ってくる。 ②グループで協力してよりよい原稿を作る。 ③できたグループは生徒の前で発表し、他の生徒はそれを評価する。	
手順 Sequence	①プレ・タスク（5分） 　タスクの目的、手順を説明する。 ②タスク活動その1（10分） 　グループで協力しディベートのための原稿を仕上げ、それを〈ワークシート〉に記入して役割練習をする。 ③タスク活動その2（10分） 　準備ができたグループは発表し、他の生徒はそれを聞きながら〈エバリュエーション1〉に評価とコメントを記入する。	
評価の観点 Evaluation perspective	タスクの完了 　教科書の内容についてディベートをするための原稿を、グループで協力して作成し、発表できた。 コミュニケーションの継続 ①コミュニケーションをとりながらディスカッションを発表することができた。 ②他のグループの発表をよく聞き、適切に評価できた。	

ワークシート Work Sheet（宿題および発表用　Homework and Presentations）
Class（　　）No.（　　）Name（　　　　　　　　　　　）

Sample Draft

> Topic: "English is necessary for Japanese people."
>
> **1** Today we're going to have a debate on "English is necessary for Japanese people." I think each group has prepared for today's debate. The first debate will be between Group A and Group B. Group A is the affirmative side, and Group B is the negative side. The moderator is Yoshiki. Are you ready?
>
> **Moderator** Today we're going to talk about English. First, we will hear a speech supporting the importance of English.
>
> **Group A** I think that English is necessary for two reasons. First, English is used all over the world. Second, English is more important than any other language.
>
> **Moderator** Thank you. Now we will hear a speech against the importance of English.
>
> **Group B** I understand your points, but I don't think that English is necessary. First, you said that English is used all over the world, but English isn't the only language in the world. Second, you said that English is more important than any other language, but we can't say which language is the most important.
>
> **Moderator** OK. Next we will have a rebuttal starting with the supporting side.
>
> **Group A** I don't agree with you because English as a second language is necessary for many people to live.
>
> **Group B** I disagree. You said that English as a second language is necessary for many people to live. I don't think that you are right because every language has its own culture.
>
> **Moderator** Thank you. Finally, we will hear a summary speech starting with the opposing side.
>
> **Group B** In conclusion, I think that English isn't necessary for Japanese people because we can live without English.
>
> **Group A** In summary, I think that English is necessary because English is a global language.
>
> **Moderator** I'd like to thank both sides. We will now have a five minute break while the judges decide the winner.

Topic: "_____."

1 Today we're going to have a debate on "_____."
I think each group has prepared for today's debate. The first debate will be between Group A and Group B. Group A is the affirmative side, and Group B is the negative side. The moderator is Yoshiki. Are you ready?

‹Moderator› Today we're going to talk about _____.
First, we will hear a speech supporting _____.

‹GroupA› I think that _____ for two reasons.
First, _____.
Second, _____.

‹Moderator› Thank you. Now we will hear a speech against _____
_____.

‹GroupB› I understand your points, but I don't think that _____.
First, you said that _____, but _____
_____. Second, you said that _____
_____, but _____.

‹Moderator› OK. Next we will have a rebuttal starting with the supporting side.

‹GroupA› I don't agree with you because _____.

‹GroupB› I disagree. You said that _____.
I don't think that you are right because _____.

‹Moderator› Thank you. Finally we will hear a summary speech starting with the opposing side.

‹GroupB› In conclusion, I think that _____
because _____.

‹GroupA› In summary, I think that _____
because _____.

‹Moderator› I'd like to thank both sides. We will now have a five minute break while the judges decide the winner.

エバリュエーション1（生徒用評価表） Evaluation 1 (Student Evaluation Table)

Group Name	Evaluation (A, B, C)	Comment

エバリュエーション2（先生用評価表） Evaluation 2 (Teacher Evaluation Table)

Students' Names in Group A (B,C...)	Evaluation 1 （言語面の評価） (Linguistic Evaluation)	Evaluation 2 （活動面の評価） (Activity Evaluation)	Comment

監修者プロフィール

吉田 研作（よしだ けんさく）

上智大学名誉教授、元上智大学言語教育研究センター長。専門は応用言語学。文部科学省が提唱している「英語が使える日本人」育成のためのさまざまなプロジェクトに関与し、日韓中国の高校生の英語力比較、および教師の教え方の比較研究、さらに、国内における文科省指定のSuper English Language High Schoolと普通校の間の英語教育の違いなどについて研究。

文部科学省では、外国語能力の向上に関する検討会座長、Super English Language High School企画評価委員会副委員長、「『英語が使える日本人』を育成するための戦略構想」第1研究グループ・リーダー、文部科学省中央教育審議会外国語専門部会委員などをつとめた。その他、(NPO)小学校英語指導者認定協議会理事、The International Research Foundation for English Language Education(TIRF)理事、Asia TEFL理事などを歴任。

著書に、『英語教育政策―世界の言語教育政策論をめぐって』（共著、大修館、2011）、『外国研究の現在と未来』（監修、Sophia University Press、2010）、『21年度から取り組む小学校英語―全面実施までにこれだけは』（編著、教育開発研究所、2008）、『新しい英語教育へのチャレンジ』（公文、2003）、『日本語を活かした英語の授業』（共著、大修館、2003）他多数。

金子 朝子（かねこ ともこ）

昭和女子大学特任教授。1977年にサンフランシスコ州立大学修士、1992年にテンプル大学で教育学博士取得。昭和女子大学附属中学高等学校教諭を経て、人間文化学部英語コミュニケーション学科、大学院言語教育・コミュニケーション専攻教授。専門は第二言語習得、学習者コーパス研究。国際的な学習者コーパスであるICLE、LINDSEIの日本人コーパス担当。日本学術振興会から科学研究費を受け、学習者コーパスの研究を進める。「2010年度英語コーパス学会賞」受賞。

文科省の新学習指導要領中学校外国語（英語）とその解説の作成協力者。国立教育政策研究所の行う「特定の課題に関する調査中学校外国語（英語）」各種の問題作成、結果分析協力者。

著書に、英語教育学体系第5巻『第二言語習得―言語習得から脳科学まで』（共編著、大修館、2011）、英語教育学体系第1巻『大学英語教育学―その方向性と諸分野』（共著、大修館、2010）、『文献からみる第二言語習得研究』（共著、開拓社、2005）、『第二言語習得研究の現在―これからの外国語教育への視点』（共著、大修館、2004）他多数。

著者プロフィール

石渡 一秀（いしわた かずひで）
　青山学院大学文学部英文学科卒業。兵庫教育大学大学院言語教育学科修了。神奈川県立外語短大付属高等学校、岩戸高等学校、三浦臨海高等学校、逗子高等学校を経て、2023年現在、横浜創学館高等学校にて非常勤講師として勤務。
　翻訳として、Kazu Ishiwataの名前で『ネイティブならこう書くこう返すEメール英語表現』（ベレ出版、2011）、編集協力として『大学受験 お風呂で覚える出まくり入試英単語』（学研教育出版、2011）、『ハンドブック英文法の要点整理』（学研教育出版、2010）など、多数の書籍に関わる。

Greg Huysmans（グレッグ　ハイズマンズ）
　アメリカ、ルイジアナ州に生まれる。ルイジアナ州立大学でスペイン語の学士号取得後、テキサス州立大学で日本語を学ぶ。テキサス在住中は日米の企業間通訳を務める傍ら、日本からの留学生に英語やスペイン語を教える。北海道在住中は、公立小学校を中心に英語補助教員として英語教育に情熱を注ぎ、自宅にて多くの学生（小・中・高）に英語の個人指導を行う。

現場で使える教室英語
──重要表現から授業への展開まで──

2011年10月20日　第 1 刷発行
2023年 9 月20日　第12刷発行

監　修　吉田 研作　金子 朝子
著　者　石渡 一秀　グレッグ・ハイズマンズ
発行者　前田 俊秀
発行所　株式会社 三修社
　　　　〒150-0001　東京都渋谷区神宮前2-2-22
　　　　TEL 03-3405-4511　FAX 03-3405-4522
　　　　振替 00190-9-72758
　　　　https://www.sanshusha.co.jp
　　　　編集担当　松居 奈都

印刷所　大日本印刷株式会社

©Kazuhide ISHIWATA, Greg HUYSMANS 2011　Printed in Japan
ISBN978-4-384-05609-9　C2082

装幀・グラフィック・本文イラスト　野村 淳一（アートマン）
DTP　アートマン
編集協力　中山 祐子

付属CD録音　財団法人 英語教育協議会（ELEC）
付属CD制作　高速録音株式会社
吹込み　Bianca Allen, Chris Coprowski

JCOPY 〈出版者著作権管理機構 委託出版物〉
本書の無断複製は著作権法上での例外を除き禁じられています。複製される場合は、そのつど事前に、出版者著作権管理機構（電話 03-5244-5088 FAX 03-5244-5089 e-mail: info@jcopy.or.jp）の許諾を得てください。

科目別：現場で使える教室英語
－新しい英語科目での展開－

『現場で使える教室英語』の姉妹編。
平成25年度からの新しい英語科目「コミュニケーション英語Ⅰ」「コミュニケーション英語Ⅱ・Ⅲ」「英語表現Ⅰ」「英語表現Ⅱ」に対応。新しい科目の主旨である、4技能を融合した授業を創り出すことを目指す。

吉田研作, 金子朝子 監修 ／ 石渡一秀, グレッグ・ハイズマンズ 著

A5判 並製232頁 本体2,500円+税

わかりやすい英語教育法 改訂版
―小中高での実践的指導―

学校教育における英語指導に興味・関心のあるすべての人に。英語指導の全体像を俯瞰し、そこから「英語指導力の基礎」事項を具体的に取り上げ、現場の事例とともに分かりやすくまとめている。

浅羽亮一・豊田一男・山崎朝子・佐藤敏子・中村典生・大崎さつき 著

A5判 並製232頁 本体2,400円+税

行動志向の英語科教育の基礎と実践
―教師は成長する―

コミュニケーション言語活動を奨励するCEFR（ヨーロッパ言語共通参照枠）の行動志向の言語観と教育観をベースに、日本の教員養成現場で真に役立つ観点を盛り込んだ英語科教科法テキスト。

JACET教育問題研究会 編／神保尚武 監修／久村研 編集統括

（執筆者）浅岡千利世・清田洋一・栗原文子・酒井志延・髙木亜希子・中山夏恵・久村研

B5判 並製274頁 本体2,600円+税

日英の言語・文化・教育
―多様な視座を求めて―

日英言語文化学における草分け的存在から新進気鋭の研究者まで、一流の執筆者 33 人による渾身の論文集。日本と英語圏諸国のあらゆる種類の言語表現と、その背景文化の探求を目指す。

日英言語文化研究会 編　A5判 上製 376頁 本体5,800円+税

ぼくたちの英語
―We are English teachers.―

"この本は、中学校や高校で英語を教えている教師に向けられた、一つのメッセージである。"
昨今の安易な語学教育行政・語学学習の流行とは相容れない「本物」の英語を求めて、若き英語教師とともに取り組む楽しくも真面目な「課外」実習！
英語を勉強したことのあるすべての人へ。

黒田龍之助 著　四六判 仮フランス装 296頁 本体1,600円+税

先生と生徒の心をつなぐ NLP 理論
―子どもの夢を育むために―

生徒とのコミュニケーションをより円滑にしたい、生徒との関係がうまくいかない、学級経営がうまくいかない。…こういった問題を解決するために、NLP を上手に活用して改善するポイントをまとめ、事例を織り込みながらわかりやすく解説。

堀井恵 著　A5判 並製192頁 本体1,900円+税

三修社